经学的瓦解

陈壁生 著

华东师范大学出版社

华东师范大学出版社六点分社　策划

关注中国问题
重铸中国故事

缘　　起

在思想史上,"犹太人"一直作为一个"问题"横贯在我们的面前,成为人们众多问题的思考线索。在当下三千年未有之大变局中,最突显的是"中国人"也已成为一个"问题",摆在世界面前,成为众说纷纭的对象。随着中国的崛起强盛,这个问题将日趋突出、尖锐。无论你是什么立场,这是未来几代人必须承受且重负的。究其因,简言之:中国人站起来了!

百年来,中国人"落后挨打"的切肤经验,使我们许多人确信一个"普世神话":中国"东亚病夫"的身子骨只能从西方的"药铺"抓药,方可自信长大成人。于是,我们在技术进步中选择了"被奴役",我们在绝对的娱乐化中接受"民主",我们在大众的唾沫中享受"自由"。今日乃是技术图景之世界,我们所拥有的东西比任何一个时代要多,但我们丢失的东西也不会比任何一个时代少。我们站起来的身子结实了,但我们的头颅依旧无法昂起。

中国有个神话,叫《西游记》。说的是师徒四人,历尽劫波,赴西天"取经"之事。这个神话的"微言大义":取经不易,一路上,妖魔鬼怪,层出不穷;取真经更难,征途中,真真假假,迷惑不绝。当下之中国实乃在"取经"之途,正所谓"敢问路在何方"?

取"经"自然为了念"经",念经当然为了修成"正果"。问题是:我们渴望修成的"正果"是什么?我们需要什么"经"?从哪里"取经"?取什么"经"?念什么"经"?这自然攸关我们这个国家崛起之旅、我们这个民族复兴之路。

清理、辨析我们的思想食谱,在纷繁的思想光谱中,寻找中国人的"底色",重铸中国的"故事",关注中国的"问题",这是我们所期待的,也是"六点评论"旨趣所在。

点 点

2011.8.10

Contents 目录

1　导言："后经学时代"的经学
Introduction　Confucian Classics in the "Post Confucian Classics Era"

10　第一章　章太炎的"新经学"
Chapter One　The "New Confucian Classics" by Zhang Taiyan

52　第二章　中国：成为"历史"
Chapter Two　China: Becoming "History"

73　第三章　胡适之：从"以经为纲"到"以史为本"的完成
Chapter Three　Hu Shizhi: From "Classics-centered Theory" to "History-centered Theory"

108　第四章　孔子与六经的分离
Chapter Four　The Separation of Kongzi and the Six Classics

135　第五章　经学的史料化与经学的瓦解
Chapter Five　Historicism and the collapse of Confucian Classics

166　结语：为往圣继绝学
Conclusion　Succeed Wisdom for Sages

170　后记
Epilogue

导言:"后经学时代"的经学

一

民国十六年,即西元1927年,时距蔡元培任教育总长,废除经学科的民元年仅十五年,日本学者本田成之出版了《中国经学史》(孙俍工译名。江侠庵将书名译为《经学史论》),在结尾处,本田成之写道:

> 埃及和迦勒底学问,在其本国已亡掉了,希腊的学问,在他的本国已亡,而在他国却完全保存着呢。佛教也是这样!回想我以前,在南华某人家,曾见左宗棠墨迹一联云"异国古书留日本。"像经学这一学科,将或失于中国,而被存于日本,也未可知,我于此有无限的感慨了。①

---

① 本田成之著,孙俍工译:《中国经学史》,台北:学海出版社,第320页。

至1928年,周予同先生在为皮锡瑞《经学历史》作注之后所写的序言,针对当时的学界风气,对本田成之有一个回应:"以具有二千多年经学研究的国度,而整理经学史料的责任竟让给别国的学者,这在我们研究学术史的人,不能不刺骨地感到惭愧了。"①

本田成之感慨之时,廖平、章太炎诸大师俱在,但经学研究之一落千丈,已然使东瀛学者,隔海叹息。九年之后,周予同惭愧之日,经师如曹元弼、蒙文通、李源澄诸公正健,而经学研究之凋零寥落,也让周予同这样的学界名家慨叹有加。况且,不论是本田成之,抑或是周予同,他们所谓的经学,都不是在"经"的意义上的经学,而只是中国古代历史文化知识的组成部分而已。

事实上,随着帝制崩溃,共和肇造,经学也因之瓦解,进入"后经学时代"。"后经学时代"是少明师在《走向后经学时代》一文中提出的概念,这一概念包含了两层意思:"其一,在社会政治层次上,经学失却其合法性依据的地位,中国社会形式上走向法理化的时代;其二,在学术文化的层次上,对经的研究不必站在宗经的立场上。"②也就是说,随着辛亥

---

① 周予同:《经学史与经学之派别》,朱维铮编校:《周予同经学史论》,上海:上海人民出版社,2010年,第64页。
② 陈少明:《走向后经学时代》,《汉宋学术与现代思想》,广州:广东人民出版社,1995年,第128页。

革命带来的帝制消失,与新文化运动带来的反传统思潮,中国学术也卷入了一场深层次的"革命"之中。

这场革命,核心内容就是经学的瓦解。

从经学科的取消到本田成之对经学亡于中国的隔海感慨,仅仅相隔十五年的时间,而这正是中国学术发生翻天覆地变化的十五年。在这段时间中,中国学术研究的主流,整体性从章太炎的"以史为本"转向胡适之的"以史料为本",新文化运动、整理国故、古史辨相继兴起,全面移植西方学术分科,从而实现中国学术的现代转型。这一时期的学术研究,奠定了所谓"中国现代学术"的基本格局。

二

这场学术革命的根源,可以追溯到晚清。早在辛亥之变的前夜,经学便已经发生了深重的危机。

首先是西学东来对经学的冲击。在中国自汉以后的历史上,经学为政治之大宪章,政教之兴废,往往牵连着经学的盛衰。政、学结合越是紧密,其兴亡越是休戚相关。例如汉世立今文十四博士之学,皆以为孔子之一王大法是"为汉制法",汉魏之间天下大乱,遂有周公之法的兴起,而古文乃替今文而兴。至于清末,经学行世已二千余载,清代政治,虽非依经而立,但仍然尊经崇圣,政治危机同样带来经学的危机。辛亥之前,已有焚经之议。皮锡瑞于光绪十三年(西元1907

年)刊行《经学历史》,其中说到,清末"自新学出,而薄视旧学,遂有烧经之说。"① 后来熊十力著《论六经》也说:"时海内风气日变,少年皆骂孔子、毁六经,余亦如是。**皮锡瑞在清末著《经学史》一小册,曾谓当时有烧经之说,盖实录也。**"②

同时,即便在中学研究中,诸子学的兴起,也冲击着经学的独尊地位。清代之诸子学研究,一开始只是以考证经书之法考证诸子,而随着西学东来,诸子学与西学之冥合,推动了诸子学研究。邓实在《古学复兴论》中有一个非常准确的观察,他说:"夫以诸子之学,而与西来之学,其互相因缘而并兴者,是盖有故焉。一则诸子之书,其所含之义理,于西人心理、伦理、名学、社会、历史、政法,一切声、光、化、电之学,无所不包,任举一端,而皆有冥合之处,互观参考,而所得良多。故治西学者,无不兼治诸子之学。一则我国自汉以来,以儒教定于一尊,传之千余年。一旦而一新种族挟一新宗教以入吾国,其始未尝不大怪之,及久而察其所奉之教,行之其国,未尝不治,且其治或大过于吾国,于是恍然于儒教之外复有他教,六经之外复有诸子,而一尊之说破矣。"③

---

① 皮锡瑞:《经学历史》,北京:中华书局,2008 年,第 341 页。
② 熊十力:《论六经》,北京:中国人民大学出版社,2006 年,第 109 页。另如孙宝瑄《忘山庐日记》农历一八九七年十二月十二日记:"今人皆悟民主之善,平等之美,遂疑古圣贤帝王所说道义,所立法度,多有未当,于是敢于非圣人。"(见孙宝瑄:《忘山庐日记》,上海:上海古籍出版社,1983 年,第 158 页。)
③ 邓实:《古学复兴论》,《国粹学报》第 9 期,1905 年 10 月出版。

但是,经学的危机更重要表现在经学内部。晚清民初,中国学者面临着二千年未有之大变局,而这一大变局的要素,即在于民族国家的构建。在此之前,所谓中国者,乃是一绵延不绝的文明体,中夏王朝,自居天下中心,对周边小邦,视为蛮夷。一朝一代,各有不同的疆域。及至晚清,在西方列强的刺激下,晚清学者产生了明确的"中西之别",而要建立一个完整的"中国"概念,便必须将整个中国文明体进行系统化,将历史上王朝参差更迭,整体化地整合为一个地域上具有统一性、时间上具有连续性的国家叙事,也就是说,在中国固有文明的基础上建立一个"新中国"。这种"建国意识",落实在学术研究中,便要求建立"中国"的、系统化的思想体系。这一意识在学术研究中最明显的表现,是各种专门之学的通史类著作的书写。中国最早的系统化专门史写作,多由日本学者导其先路,早在1900年之前,日本已经有不少关于中国学问的通史类著作,中国哲学史方面,有内田周平的《支那哲学史》(1888年版,只写到先秦部分)、松本文三郎的《支那哲学史》(1898年版,第一部中国哲学通史)、远藤隆吉的《支那哲学史》(1900年版)等,文学方面,有古城贞吉《支那文学史》(1897年版)。为什么这种专门史写作,日本人都比中国本土学者着先一步呢?这不止因为日本的学术更早西化,更重要的是,日本更早学习西方而成为一个民族国家,从而将中国也看成一个民族国家。只有成为民族国家,专门史的写作才有一个固定的空间。中国近代的系统化的专门史写作,都集中在1900年前后,其中包括:刘师培的《经学教科书》(1905年),是对经学历史的总结;夏曾佑的《中国中学历史教科书》(1904年,后改名为《中国古代史》),是对中国历史的叙述;林传甲的《中国文学史》(1904年),是对中国文学史的梳理等等。这些著作的出现,正是因为中国历史已经开始由天下主义转入民族国家时代,需要站在新的"中国"的角度重新看待以前以一家一姓的朝代为单位的经学、历史、文学发展,也就是说,作为民族国家的"中国",为这些专门的"史"类著作的书写,提供了一个空间立足点。

在经学方面,晚清之世的经学,已经形成了今文经学与古文经学共同崛起的局面。有了"系统化"的要求之后,便必须将经学整合成为一个同条共贯的价值体系。这是晚清经师所面对的共同考验。也就是说,在古代中国的"天下主义"政治格局中,学分四部,学者只需要讨论具体的各种问题,而不需要,也不可能去用整体的眼光去将所有问题整合到一个系统之中。因为有系统就一定要有边界,中国学问面对的是天下的问题,天下是没有边界的,因此学问也没有边界,无论是讲明一经,还是弘扬一派,都可以直接达到治学论政的目的。但是,当西方文明夹带着民族国家时代到来,有了一个西方文明的参照之后,"中国是什么",或者"中国文明是什么",就成为一个整体性的问题呈现出来了。而要将中国文明系统化,就一定要有一个角度才能说清楚整个文明。

当廖平写成《今古学考》之后,今古文之分,终于判若冰炭。廖平之前,凡古文为考据训诂,今文讲微言大义,可以各不相妨,虽偶有争论辩驳,皆无关于政治社会。但是,经学一旦有系统化的时代需要之后,像乾嘉、咸同之学那样简单地辨析字义,注疏一经,已然不能真正回应现实,要回应现实,必须从理论上回到"什么是经学"这样的根本性问题上来。但问题在于,自汉末郑玄泯今古二家之别,以成一家之言,经学成为"不同时代的圣人之法的集合体"。晚清今文经师要从这一不同圣人之法的集合体中,寻找出纯正而自成系统的"孔子之法",因此,不得不推翻一切与其制度、义理相悖的古文经典,遂有廖平二变的《知圣篇》、《辟刘篇》,康有为的《新学伪经考》、《孔子改制考》出。他们的根本目的,是绕过郑玄回到西汉,对二千多年来的经学进行一场重新清理,检视西汉以《春秋》为中心的今文经说,使经学重归孔子口传的微言大义。在今文学看来,经学就是孔子的"一王大法",是抽象价值而不是具体法度。而在一个新的民族国家时代,最根本之处就是要重归孔子之法,以孔子之法所表现出来的抽象价值,作为国家构建的"灵魂"。而古文经学同样面对郑玄的问题,他们更进一步将郑玄所提出的不同时代圣人之法的集合体,建构成为新的"国家历史"的源头,于是夷经为史,遂有章太炎视六经为古史,以孔子为史家之说出。在古文经学看来,经学就是尧舜以来的历史记载,并且,这种历史记载对后来历代修史产生了重大影响,成为历史的源头。要建立一个新的民族国家,便必须通过对六经的历史化解读,寻找这个民族的源头所在,以历史作为国家构建的"国本"。

今文经学的现代发展,至康有为、廖平而彰显孔子一王大法,以六经之抽象价值为国家构建的理论源头。而古文经学遭遇现代民族国家,则成为章太炎的民族主义史学,通过历史寻找"中国"。

但是,在后来的学术史发展中,今古文二家都遭到了毁灭性的打击,今文经学为了回归孔子而推翻古文经典,开启民国"古史辨"的先声,而古文经学夷经为史,导夫民国以经学为史料之先路。

三

民元之后,经学科废,经学作为一个独立的学术门类,至此消失。随之发生的中国学术的现代转型,事实上是以章太炎为先导,以胡适之为中心。

章太炎的先导意义,在于他看待中国学术,是"以史为本"的态度。中国学术本以六经为本源,而在晚清民族国家构建过程中,章太炎为了寻找一个民族国家建国的深厚根基,乃不惜将整个中国文明视为"史",从历史来论述民族。这样,六经成为古老的历史记载,成为文明史的源头。章太炎夷六经为古史,视孔子为史家,将整个中国学术都建立到"史"的基础上,这是对以经为主导的传统学术的一次大变革。

假设经学不废,则章氏之学,可以成为中国现代史学的正统源头,使中国史学继司马迁之后,实现再次从经学内部重新出发,建立全面的历史叙事传统。但民国创立,经学渐成土苴,今文经师之说,衍为孔教会,行之未久。章氏之学,虽一度大行于天下,但随着留洋学生归国与新文化运动的兴起,中西之别变成古今之争,章氏"国故"之论,本为发扬国史之光辉,转化为胡适之的"国学",则变成已死之历史。在胡适之等西化论者眼中,"中国"成为"历史",中国一切典籍,成为死去的史料,于是倡导"整理国故",以西方学科的眼光来看待中国典籍,建立起中国现代学科。至此,中国学术的现代转型完成,而经学终至全面瓦解。

第一章　章太炎的"新经学"

二十世纪前二十年,有清一代累积三百年之经学,且夕之间,土崩瓦解。究其因缘,与西学东侵,辛亥鼎革密切相关。辛亥之后,政治上与经学脱离关系,教育上废除经学一科,于是经学急遽崩溃。至于新文化运动前后,西洋学者归国,现代学科建立,新学便完全替代旧学,学术大势,由"以经为纲"转向"以史为本",经学终至沦亡。此后,虽一二孑遗,勉强支撑,而不能救学风之万一。然而,这一转化不但与西学的流行、帝制的崩溃有关,而且与晚清民初经学自身的发展有密切关系。具体而言,即是以章太炎为中心的古文经师改造经学的结果。然而,章太炎向来被视为古文经学大师,终其一生,倡导古文,不遗余力,为什么反而会成为经学消亡的前驱者呢?

一、古文经学与清代"汉学"

光绪二十二年(西元 1896 年),康有为曾过杭州,以新著《新学伪经考》示学界名宿俞樾。其后,俞樾曾笑谓当时年仅 29 的弟子章太炎:"尔自言私淑刘子骏,是子专与刘氏为敌,正如冰炭矣。"①章氏一生学术政见,多视康有为如大敌,凡对经学的理解,孔教的态度,革命的选择诸方面,章太炎的背后,总有康有为的阴影,而经学理论尤甚。二人学术上的区别,众所周知,是立根于今文经学与古文经学的差别,但是,无论是康有为的今文经学,还是章太炎的古文经学,事实上都早已超出汉、清二代的今古文。

康、章之别,至为明显的,是对西汉刘歆的评价。康有为《新学伪经考》大体上针对刘歆而作,其言云:"始作伪,乱圣制者,自刘歆;布行伪经,篡孔统者,成于郑玄。"②康氏将古文经学追溯到刘歆,可谓洞若观火。而以古文经书传记皆出刘歆篡乱,可以说是逼到了古文经的命门。而在章太炎,未见康氏,本尊刘歆,既见康氏之书,其后更把刘歆抬高到和孔子相匹的地位。章氏 1904 年印行的《訄书》重订本中《订孔》一篇有云:"孔子死,名实足以伉者,汉之刘歆。"③甚至在

---

① 姚奠中、董国炎:《章太炎学术年谱》,太原:山西古籍出版社,2001 年版,第 42 页。
② 康有为:《新学伪经考》,北京:中华书局,2012 年版,第 2 页。
③ 章太炎著,徐复注:《訄书详注》,上海:上海古籍出版社,2008 年版,第 51 页。

《訄书·官统上》中引用刘歆之语,竟云:"先圣刘歆有言"。①刘歆对经学的影响有三,一是引《左氏》证《春秋》,二是从秘府找到《周官》,以之为周公致太平之书,三是校对秘书,写成《七略》,使汉以前典籍有迹可寻。章太炎在此表彰刘歆,主要以《七略》而言。在《訄书·征七略》中,章氏对刘向刘歆父子有一个具体评价:"刘氏比辑百家,方物斯志,其善制割、綦文理之史也。"②章太炎并不只是把《七略》视为"目录学"著作,而是看到"目录"的编排背后,有着对整个历史文明的典籍进行分类排比的思想意图。然而,把刘歆抬到这样的地位,可谓前所未有。到了1914年章氏增删《訄书》以为《检论》,对上引之言,将"孔子死"改成"孔子殁",自下一注云:"书布天下,功由仲尼,其后独有刘歆而已。……向、歆校雠之事,书既杀青,复可迻写,而书贾亦赁鬻焉。"③是言刘歆之与孔子近似,在于将秘府典籍散布民间。章太炎极力称扬刘歆,有意气,有实事。其意气者,在与康有为立异争胜。——要讨论章氏学问,必先知康有为,康有为将今文经学推至极致,而章氏为与之争胜,往往有意将古文之说也推至极端。其实事者,在于章氏特别要表彰刘歆在校书中,掘出《左氏》、《周官》,并确立二书地位,从而使刘歆成为古文

---

① 章太炎著,徐复注:《訄书详注》,第523页。
② 同上,第823页。
③ 章太炎:《检论·订孔上》,《章太炎全集》(三),上海:上海人民出版社,1984年版,第425页。章氏一生思想底色一定,但议论偶有变化,从他对自己文章的不断修订,可以看出这些变化的痕迹。

经学祖师。

两汉从五经博士至十四博士之学,皆为今文,而今文经学的核心,是以经学为"孔子法"。孔子之法,备于五经,而要在《春秋》。五经除《春秋》外,本为历代圣王之法的记载,而经过孔子删削,则其法皆备于孔子,成为孔子法。也就是说,在两汉今文经学之中,经学即孔子之法。

两汉之交,刘歆出而古文经学始彰。刘歆之学,一言以蔽之,就是瓦解孔子法而重建孔子之前的圣王法。而其要,一在《左传》,一在《周官》。

对《左氏》,刘歆引其史实以解《春秋》经文。《汉书·楚元王传》云:"初,《左氏传》多古字古言,学者传训故而已,及歆治《左氏》,引传文以解经,转相发明,由是章句义理备焉。"[1]汉世经、传别行,无《春秋》之《左氏》,则如《国语》而已。当时学者训故,则是解释古字古言而已。而刘歆开始以《左氏》之事,解《春秋》经文,两相对照,"转相发明"者,则是以经、传互相解释,在这种互相解释中既发明经文义理,又发明传文义理。以《左氏》之事实,解《春秋》之经文,则经文成为事实的提纲,而《春秋》口传大义,荡然无存,《春秋》成为十二公的历史记载。刘歆之后,《左氏》大兴,贾逵、服虔皆名其学,而皆比附《公》、《穀》。至于杜预,将刘歆的"转向发明"推至极致,发明出一套"依传以为断"的义例。其言云:"专修丘明之传以释经,经之

---

[1] 班固:《汉书》,北京:中华书局,第1967页。

条贯,必出于传,传之义例,总归诸凡。"①而其凡例,则出自周公,所以杜预又说:"其发凡以言例,皆经国之常制,周公之垂法,史书之旧章。仲尼从而修之,以成一经之通体。"②经过刘歆、杜预,《春秋》一经,从孔子的一王大法,变成周公旧典,而孔子只是根据周公的史法进行修补而已。

对《周官》,刘歆确定其性质为周公致太平之书。关于《周官》流传情况的最早记载,只能见之于孔颖达《周礼注疏》的序言《序周礼废兴》中所引马融《周官传》,马融说,孝成帝时,刘向、刘歆校理秘书,得见《周官》,"时时众儒并出共排,以为非是,唯歆独识,其年尚幼,务在广览博观,又多锐精于《春秋》,末年乃知其周公致太平之迹,迹俱在斯。"③《周官》不但由刘歆发现,而且由刘歆确定为"周公致太平之迹",也就是说,是周公之法,并且是历史上曾经实行过的圣王之法。《汉书·艺文志》录"《周官经》六篇",云"王莽时刘歆置博士",④是刘歆在王莽时代,以《周官》为古文新"经",并置博士。刘歆之后,《周官》之学至郑玄而大盛。郑玄对其定位是:"斯道也,文武所以纲纪周国,君临天下,周公定之,致隆平龙凤之瑞。"⑤郑玄经学,突出的特点是以《周官》

---

① 杜预注,孔颖达疏:《春秋左传正义》杜序,台北:艺文印书馆,2007年,第15页。
② 同上,第11页。
③ 孔颖达:《序周礼废兴》,《周礼注疏》,台北:艺文印书馆,第7页。
④ 班固:《汉书·艺文志》,第1705页。
⑤ 孔颖达:《序周礼废兴》,《周礼注疏》,第8页。

几近完备的礼制为标准,遍注《尚书》、《礼记》、《论语》诸经传,综合今古,把整个经学体系解释成"不同时代的圣人之法的集合体",即不同的圣王之法沿革、损益的历史过程。

自刘歆导夫先,而杜预踵其后,《春秋》由《公羊》而《左氏》,孔子法被瓦解而周公法得以建立。自刘歆肇其端,而郑玄总其成,《周官》遂成为古文经学的制度基础。此二者,共同构成了古文经学主要部分。而刘歆之视经学与孔子,有云:"自卫返鲁,然后乐正,《雅》、《颂》乃得其所;修《易》,序《书》,制作《春秋》,以纪帝王之道。"①"纪帝王之道"一语,至为重要,表明在刘歆看来,孔子述而不作,六经皆是古圣先王之道的记载而已。而刘歆移太常博士书,也云今文经师"信口说而背传记,是末师而非往古",②"末师"之口说,正是今文微言大义之学,而"往古"之传记,则是古文新出书籍。而其不同在于,今文学皆传自孔子,为孔子法,而古文学杂出崖壁,为历代圣王政典之遗。因此,始于刘歆,成于郑玄、杜预的古文经学,根本特征是一反今文博士以六经为孔子的素王之法,而将整个经学系统,视为历代圣王之法的集合。因此,今文经师喜言"独尊儒术",古文经师则言"周孔之法"。说到"历代圣王之法的集合",本来具有"史"的意味,但是经过汉晋古文大师的努力,历代圣王之法集中在整体性的"六

---

① 班固:《汉书》,第1968页。
② 同上,第1970页。

艺"或"经部"内部,因此,虽然"立法者"是多元化的,但是作为"法"本身却是整体性、无异义的。自魏晋至于隋唐,古文经学大行于天下,通经致用之道,要在辨经注以议典礼,五经不是作为律令存在,而是作为圣王时代的政教经验,指导现实的典礼改革。

至于清代的所谓"汉学",事实上是清代学者对汉世经注的研究,而且主要是古文经学。章太炎《訄书·清儒》说:"大氐清世经儒,自今文而外,大体与汉儒绝异。不以经术明治乱,故短于风议;不以阴阳断人事,故长于求是。"[1]而后《检论·清儒》之说亦同。清代经学之"短于风议",是言其通经而不求致用,这也是清代政治所造成的结果。清世虽然尊经,但经学的变化,已经完全无预于政治的美恶。最典型的,莫过于阎若璩作《古文尚书疏证》,将流行千载,又是当代大典的《尚书》证明为伪书,而竟对朝廷政教毫无影响,足见当时名为尊经,而毫无其实,政治与经学的疏离,已经几乎到了毫不相干的地步。清代经学的"长于求是",是言其治经目的,为得到知识上的经义之真。章太炎以为清儒经学的最高成就,在戴震、高邮二王至俞樾、孙诒让诸人,其学术特色,在以小学通经,其言曰:"世多以段、王、俞、孙为经儒,卒最精者乃在小学,往往近名家者流。"[2]清

---

[1] 章太炎著,徐复注:《訄书详注》,第161页。
[2] 同上,第145页。

代经学之"求是",即在于求客观的经学知识。皮锡瑞《经学历史》将清代定为"经学复盛时代",但是皮氏所言的"复盛",已经不是经学本身的昌盛,而是经学研究的兴盛。以清代之去圣久远,师法废绝,故研究经学,不得不先辑佚书,勤校勘,通小学,于是发展出文献辑佚、校勘,音韵训诂之学。这些学术,后来固然成为专门的学科门类,其初不过是通经的津梁而已。清代的这种学术特色,决定了清代学术,除了今文经师与章学诚数人之外,并没有系统化理论探讨的冲动。因此,他们的解经注经,是在预设了"经"的至尊地位的基础上,进行经学研究,而不去理论化地讨论"经学是什么"的问题。他们的预设,是汉晋经学的预设,尤其是汉晋古文经师的预设。因此,清代学者通过辑佚、校勘诸方法明经、传、注,作为新疏,可以说是在一个新的时代环境中,重新更完备地解释古代圣王之法。清世"汉学",只是"经学研究",不是经学本身,也无预于政教,但其普遍预设,则是像汉晋经师那样,将五经视为"圣人之法"的存在,只要明经,便明圣人之法,虽不能用于当时,但可以俟诸后世。

以五经为圣人之法,这是经之所以为经最基本的保障。在"法"的意义上,古经才获得其价值,而且这种价值对后世有重要的参考意义。而章太炎在章学诚"六经皆史"的基础上,以系统化的眼光来看待古代学术,看待经学,从而将五经视为"史"。

二、经学:由"法"而"史"

章太炎之新经学,一言以蔽之,曰由"法"而"史"。章氏一生,对经学的态度有前后之别,但都以由"法"而"史"为其基本底色。

章氏与清世古文经儒之所同者,在于以小学通经,而其异者,则在于章氏有了一种"系统的眼光"。清世古文诸儒多通一经或数经,但是对"经学"本身,即对五经的性质,则不加探讨。因为当时经部至尊,只需明经义之所然,不必明其所以然。章太炎一生尊奉古文,其《与柳翼谋书》云:"鄙人少年本治朴学,亦唯专信古文经典。……中年以后,古文经典笃信如故。"[①]而其自述学术次第,亦云:"余治经专尚古文,非独不主齐、鲁,虽景伯、康成亦不能阿好也。"[②]古文经典,既是章氏平生治学的长项,也是章氏学术、政治立场的选择。如果光看章氏早年的《春秋左传读》、《驳箴膏肓评》,晚岁的《古文尚书拾遗定本》、《春秋左氏疑义答问》诸注经解经之作,那么,他与其师俞樾、孙诒让辈,大体无别。但是,章氏处于晚清民初之世,新说与旧学相接,政局飘摇,思想动

---

① 马勇编:《章太炎书信集》,石家庄:河北人民出版社,2003年版,第741页。
② 《自述学术次第》,苏州章氏国学讲习会编:《制言半月刊》第25期,广陵书社2009年影印。

荡,学者如果仅仅从事古经新解,已经无法回应当时的民族国家建构、政治社会危机。尤其是康有为对今文经说的新改造,风行天下,推动政治改革,同样深深刺激了章太炎。如果不改造古文经学,则不能应对新的变局,也不能回应今文新说。因此,从《訄书》到《检论》,从《国故论衡》到《国学略说》,章太炎展开了他的新经学论说。

章太炎对清世古文经学研究的突破,在于他以系统的眼光,重新探求古文经学的性质,也就是探求古文经书中,"六经"到底是什么?

众所周知,中国传统书籍分类之法,一开始经史二部并不分立。图书分类之法,始于刘歆《七略》,而班固《汉书·艺文志》因之。《七略》、《艺文志》皆无史部。章太炎将图书分类之法,作为探求经学性质的起点。在《国故论衡·原经》中,他说:

> 经与史自为部,始荀勖《中经簿》,以甲乙丙丁差次,非旧法。《七略》《太史公书》在"《春秋》家",其后东观、仁寿诸阁校书者,若班固、傅毅之伦未有变革,讫汉世依以第录。见《隋志》。虽今文诸大师,未有经史异部之录也。[1]

---

[1] 章太炎著,庞俊、郭诚永注:《国故论衡疏证》,北京:中华书局,2008年版,第298、299页。

章太炎以《艺文志》中《史记》附于《春秋》,且无史部之名,证明汉代本无经史之分,此为图书分类之客观事实。从这一事实可以推出,在一开始的时候,经即是史,史即是经。《汉书·艺文志》所呈现的,是六经为王官之学,而儒家列诸子之部。经、儒分立,而经、史合一。因此,章太炎在《訄书·清儒》中论六经的性质,有云:"六艺,史也。上古以史为天官,其记录有近于神话,学说则驳。"①这一观点,本非章氏之见。清儒章学诚《文史通义·易教》有云:"六经皆史也。古人不著书,古人未尝离事而言理,六经皆先王之政典也。"②此数语,为章学诚思想之核心。但必须注意的是,章学诚的要旨,不是追述六经的起源,而是阐述"官师合一"的理论。因此,《文史通义·原道中》云:

> 《易》之为书,所以开物成务,掌于《春官》太卜,则固有官守而列于掌故矣。《书》在外史,《诗》领大师,《礼》自宗伯,乐有司成,《春秋》各有国史。③

---

① 章太炎著,徐复注:《訄书详注》,第133页。其后在《检论·清儒》中,这句话修改为:"六艺,史也,上古史官,司国命,而记注义法未备,其书卓绝不循。"(章太炎:《检论·订孔上》,《章太炎全集》(三),第472页。)

② 章学诚著,叶瑛注:《文史通义校注》,北京:中华书局,2004年版,第1页。

③ 同上,第132页。

由此言之,"六经皆史"之所谓"史",非今人之言"历史",而指史官之所职。官师合一,史官所职,即一代典宪,所以说"六经皆先王之政典",而认识到这一点,便必须"贵时王之制度","必求当代典章,以切于人伦日用,必求官司掌故,而通于经术精微,则学为实事,而文非空言,所谓有体必有用也。"①章学诚的"经",定位于过去的"先王政典",即过去的圣王之法。在这一意义上,仍然没有背离古文家的精神。

章太炎言"六艺,史也",其"史"之义,本与章学诚同。但是,在《訄书·清儒》中,章氏接下来以古希腊哲学家毕达哥拉斯的数理之学言《易》,又云《诗》若《薄伽梵歌》,《书》若《富兰那》神话,《乐》犹《佉马》、《黑邪柔》,②则都是从原始文明的角度,也就是所谓"神话"的角度来解释此数经,易言之,章氏之"史",不止是"史官"之史,而且是"历史"之史。正因如此,章氏在自注中加了一句话:"人言六经皆史,未知古史皆经也。"③古代史官所记述的那些历史性的陈迹,都是"经"。就此而论,则经与史完全混合为一。如果说在章学诚那里"六经皆先王政典",经即先王史官所职,那么,在章太炎这里,他进一步将"六经皆史"之"史",由官书而视为历史。1910年《教育今语杂志》载章太炎的白话文演讲《经的

---

① 章学诚著,叶瑛注:《文史通义校注》,第231页。
② 章太炎著,徐复注:《訄书详注》,第135页。
③ 同上,第133页。

大意》,说得更加清楚:

> 《尚书》、《春秋》固然是史,《诗经》也记王朝列国的政治,《礼》、《乐》都是周朝的法制,这不是史,又是什么东西? 惟有《易经》似乎与史不大相关,殊不知道,《周礼》有个太卜的官,是掌《周易》的,《易经》原是卜筮的书。古来太史和卜筮测天的官,都算一类,所以《易经》也是史。古人的史,范围甚大,和近来的史部有点不同,并不能把现在的史部,硬去分派古人。这样看来,六经都是古史。所以汉朝刘歆作《七略》,一切记事的史,都归入《春秋》家。可见经外并没有史,经就是古人的史,史就是后世的经。①

正因如此,章氏言经学之功能,有云:"魑鬼,象纬,五行,占卦之术,以宗教蔽六艺,怪妄! 孰与断之人道,夷六艺于古史,徒料简事类,不曰吐言为律,则上世社会汙隆之迹,犹大略可知。以此综贯,则可以明进化,以此裂分,则可以审因革。"②此语《检论》因之未改。断以人道,夷经为史,是章太炎的基本主张,在这一主张中,六经的意义,在于使"上世社会汙隆之迹",大略可知。这里经学之意义,已完

---

① 章太炎:《经的大意》,《章太炎演讲集》,上海:上海人民出版社,2011 年版,第 71 页。
② 章太炎著,徐复注:《訄书详注》,第 161 页。

全转化为史学之功能。尤其是接下来之言"明进化"与"审因革",以传统古文家之见,六经为不同的圣王之法构成,郑玄之后,弥合了这些古圣王之法的矛盾,作为圣王法集合的六经,可以通经致用,而对章太炎而言,六经以综贯,可以明不同历史时期的进化过程,六经以裂分,可以探研不同圣王之法的因革过程,章太炎与其前的郑玄、章学诚不同,不在于他们都将六经看成"史"(官书),而在于他们对"史"(官书)的态度,郑玄将六经视为"法",旨在使六经之法贯通而为一圆融整体,可以继续求致太平之迹。章学诚将六经视为"史"(官书、政典),旨在阐明"官师合一",使人重当世政典,考求古经新用。而章太炎不但视六经为"史"(官书、政典),更重要的是,以"历史"的眼光、态度来看待六经,因此,六经一变而成为"上世社会"的实录。在这一意义上,章氏之六经,已经不止是"史"(官书、政典),而且是"历史"。对"史"可以有不同的理解,对"历史"的理解只有一个,那就是遥远的古代。

在《国故论衡》中,章太炎超越"六经皆史",将六经视为"历史"的特征有更明确的表达。《国故论衡·明解故》云:

> 《六经》皆史之方,沿之则明其行事,识其时制,通其故言,是以贵古文。

庞俊、郭诚永注曰:"《六经》所载,自羲、农以至于春秋,居今稽古,舍此末由。古文之《逸礼》,不可见矣。然则行事之详,莫具于《左传》,实制之备,莫美于《周官》。故言之存,亦莫尚于斯二典者,而毛氏《诗传》次之,皆古文也。"①此注甚确。章太炎与章学诚最大的差别,在于章太炎有了一种通史的眼光——六经本为"圣王之法"的集合,一旦有了这种"史"的眼光,一代之王法便一变而成为一代之史实,本来,依传统古文家之见,考历代之圣王法,乃是为了考求最好的政治,即考求理想的政治与生活方式,但是,当圣王之法成为"历史",治经变成"明其行事,识其时制,通其故言",即我们今天所说的"历史研究"。在《明解故》中,章太炎接下去说:"后世依以稽古,其学依准明文,不依准家法。成周之制,言应《周官经》者是,不应《周官经》者非。覃及穆王以下,六典寖移,或与旧制驳,言应《左氏内、外传》者是,不应《左氏内、外传》者非,不悉依汉世师说也。"②无论《周官》、《左传》,皆由经书,化成史籍。

六经成为史籍,那么,"经"的价值何在? 在章太炎看来,经学就是历史的记载,而且是最古老的历史记载,其价值,正在于其古老,而正因其古老,可以考见国族的根源。曾在苏州章氏国学讲习会听讲的李源澄,在章太炎去世之后写了一篇《章太炎先生学术述要》,对比章太炎与清儒之学云:

---

① 章太炎著,庞俊、郭诚永注:《国故论衡疏证》,第356、357页。
② 同上,第358、359页。

"先生治学与清儒异者,厥为时代所造成。因念念不忘光复,于是旁求政术,而遍览群史。"①又云:"先生以史观经,而明于古代之政术。固执内诸夏外夷狄之义,为一生精神之所寄托,此又非通常所谓汉学家所能至也。"②章氏身处"中国"作为民族国家形成,"天下—夷夏"转化为"世界—国家"的关键时刻,他最大的功绩,在于重新认识一个前史所无的"中国",而这个"中国",章氏称之为"历史民族","历史"成为新的民族国家的立国之本。章氏之重"史",实质在于重"国性",这种"国性"在晚清表现在夷夏关系中,在民国表现于中西文明关系中。章氏说:"国之有史久远,则亡灭之难。"③盖有史久远,则国性贞固。这里的"史",其实相当于今之谓文明史。如果说郑玄将古文经典排列为历代圣王之法的集合,从而使经学有了时间性,那么,章太炎则是在新的时期,即民族国家构建时代,将已经有时间性的古文经学大系更进一步,落实到"中国",从而使古文经学具有空间性。这种时间性与空间性的结合,遂导致古文经学变成了一定的空间范围内("中国")已经过去的典章制度("历史")。近代以后,作为民族国家的"中国"构建过程中,古文经学在对"经"的意义的理解上,必然转化为史学,才能真正回应时代的要求。

---

① 李源澄《章太炎先生学术述要》,《李源澄著作集》,台北:中央研究院中国文哲研究所,民国97年版,第1459页。
② 李源澄《章太炎先生学术述要》,《李源澄著作集》,第1462—1463页。
③ 章太炎著,庞俊、郭诚永注:《国故论衡疏证》,第305页。

史之久远,载在六经,六经正因其为久远之史而比一般史籍重要。因此,章太炎在《答铁铮》中:"孔氏之教,本以历史为宗。宗孔氏者,当沙汰其干禄致用之术,惟取前王成迹可以感怀者,流连弗替。春秋而上,则有六经,固孔氏历史之学也。春秋而下,则有《史记》、《汉书》,以至历代书志纪传,亦孔氏历史之学也。"①明确地把整个经学系统说成"历史"。又,章氏《与简竹居书》也说:"《尚书》、《春秋》,左右史所记录,学者治之,宜与《史记》《汉书》等视,稽其典礼,明其行事,今后生得以讨类知原,无忘国故,斯其要也。"②在"历史"的眼光中,《史记》、《汉书》之价值,无异于六经,故章氏夷经为史之说,不止于以新的"历史"眼光看待六经,而且,竟至于重新确定"经"的范围。

章氏对《十三经》,以新的标准进行裁减与增加。以六经为官书,故裁减《论语》、《孝经》、《孟子》。《訄书·清儒》云:"流俗言《十三经》,《孟子》故儒家,宜出。"③盖《七略》中《孟子》本属儒家,不在六艺之科,故章氏汰之。然《孝经》、《论语》,在《七略》、《汉书·艺文志》中,皆列于"六艺",章氏竟认为,这是因为当时"尊圣泰甚,徇其时俗"之故,因为六艺本来都是官书,与口说不同,故"宜隶《论语》儒家,出《孝经》使傅《礼记》通论。"④至订《訄书》为《检论》,章氏又加上:"段玉裁

---

① 章太炎:《太炎文录初编》,《章太炎全集》(四),上海:上海人民出版社,1985年版,第371页。标点为引者所加。
② 章太炎:《太炎文录初编》,《章太炎全集》(四),第166页。
③ 章太炎著,徐复注:《訄书详注》,第171页。
④ 同上。

少之,谓宜增《大戴礼记》、《国语》、《史记》、《汉书》、《资治通鉴》及《说文解字》、《周髀算经》、《九章算术》,皆保氏书数之遗,集是八家,为二十一经。其言闳达,为雅儒所不能论。"①在这一删减、一增加之间,可以看到章氏之论"经学",实皆以史为断。而章氏之"新经学"对经学本身的理解,由古文经学之"法"而成史学家之"史",治经也从考求圣王之政治理想变成考证历史之因沿迁变,所以说,章太炎是中国学术转型的一个转捩点,在章氏这里,进去的是古文经学,出来的,则成了史学。

三、孔子:"古良史也"

章太炎既"夷六艺于古史",而且将"史"视为今天"史学"之"史",便马上面临另一个问题,就是对删削六经的孔子的重新评价。六经皆孔子删削,自古以来,并无异议。因此,有什么样的经学观,便有什么样的孔子观。

李源澄《章太炎先生学术述要》有云:"先生于孔子之评论,可分为三期:一为《诸子略说》时期,二为《订孔》时期,三为《菿汉微言》时期。"②李源澄虽曾亲炙章太炎,深知章氏之学,

---

① 章太炎:《检论·清儒》,《章太炎全集》(三),第479页。章太炎《菿汉雅言劄记》之说也同。1924年章氏作《救学弊论》,又说:"昔段若膺欲移《史记》、《汉书》、《通鉴》为经,今移《周礼》、《左氏》为史,其义一也。"(《太炎文录续编》,《章太炎全集》(五),第102页。)

② 李源澄《章太炎先生学术述要》,《李源澄著作集》,第1460页。

但其议论,仍然大有可商之处。首先,章太炎对孔子的评价,在具体问题上有早期晚期之别,而在大方向上则一生无异。其次,李源澄的分期本身有误。此三书,《诸子略说》(即《诸子学略说》)首次发表于《国粹学报》第二年丙午第八、第九号,即西元1906年9月8日、10月7日两期,又发表于同年《国学讲习会略说》,更名为《论诸子学》,此文对孔子大加诋毁。而《订孔》则见于1902年修订、1904年出版的《訄书》重订本,与1914年章氏据《訄书》修改增删而成的《检论》。与《诸子学略说》立场有异者,应为《检论·订孔》,但《检论》所作,又与《菿汉微言》同时。在1913年到1916年,章太炎被袁世凯软禁,吴承仕向章氏问学,录而为《菿汉微言》。李源澄的分期,大意为章氏早年《诸子学略说》纯为诋孔,《订孔》则将孔子视为"良史"而有所肯定,《菿汉微言》以后则尊孔,晚年尤甚。

但是章太炎一生对孔子的评价,多随机而发,尤其是辛亥革命前的政论文字,更加如此。章太炎在1922年致柳诒征信中说:

> 鄙人少年本治朴学,亦唯专信古文经典,与长素辈为道背驰。其后甚恶长素孔教之说,遂至激而诋孔。中年以后,古文经典笃信如故,至诋孔则绝口不谈。[1]

---

[1] 马勇编:《章太炎书信集》,石家庄:河北人民出版社,2003年版,第741页。

章太炎在此非常明确地承认，早年的"诋孔"，是为了对抗康有为提倡的孔教。事实上，辛亥之前，章太炎论孔子之言，多有互为龃龉，自相矛盾，都是出于政治的需要，而非学术之使然。如1897年9月7日在《实学报》发表《后圣》，称孔子为"水精"，有"制作"，是为了表彰荀子为继孔子之"后圣"。① 1899年5月20日发表的《客帝论》，称"《春秋》以元统天，而以春王为文王。文王孰谓？则王愆期以为仲尼是已。"②是以《公羊》传《春秋》，孔子为素王，而其目的则在论证当时可以孔子后代为帝。但同年12月25日，章氏在《亚东时报》发表更有学术性的《今古文辨义》，马上又变换立场，言"孔子贤于尧舜，自在性分，非专在制作也。"③此则是为了通过驳廖平之尊孔，而反康有为之学说。

但是，透过章太炎政论的言辞迷雾，章氏对孔子有一个稳定的基本看法，这个看法不是随一时议政所变化，而是由章氏一生立场所决定，这个立场就是章氏自述的"唯专信古文经典"。在今文经学中，孔子作《春秋》，立一王大法，《春秋》其事则齐桓晋文，其文则史，而最重要的是其"义"，是孔子之义，即《公羊传》所发明的微言大义。而古文经学则强

---

① 章太炎：《后圣》，汤志钧编：《章太炎政论选集》，第37页。
② 章太炎：《客帝论》，汤志钧编：《章太炎政论选集》，第85页。
③ 章太炎：《今古文辨义》，汤志钧编：《章太炎政论选集》，第109页。

调孔子"述而不作",即便其"作《春秋》",也只不过是据鲁史而笔削,《春秋》之正传,是《左氏传》中的历史事迹。章太炎的古文经学研究,一开始便落在《春秋》上,其早年最重要的著作是《春秋左传读》(成书于西元 1896 年,先于《訄书》初刻本三年,时章氏 29 岁)、《春秋左传读叙录》,而其晚年最重要的著作则是《春秋左氏疑义答问》(作于 1929 年)。①《春秋》学是章氏经学观的基本底色。而对于《左氏传》的看法,章氏早年从贾逵、服虔,晚岁从杜预。其《汉学论》云:

> 余少时治《左氏春秋》,颇主刘、贾、许、颖以排杜氏,卒之娄施攻伐,杜之守犹完,而为刘、贾、许、颖者自败。晚岁为《春秋疑义答问》,颇右杜氏,于经义始条达矣。②

而发生这一转变,实际上是因为章太炎发现"刘、贾诸公,欲通其道,犹多附会《公羊》"。③ 因为东汉时立博士的是《公羊传》,所以《左氏》学者在解释不通之处,多引《公羊》为证。而杜预则完全依传断经,故《左氏春秋》杜预学才是真

---

① 章太炎 1932 年给吴承仕的信,说此书"为三十年精力所聚之书,向之烦言碎辞,一切芟薙,独存此四万言而已。"见马勇编:《章太炎书信集》,第 360 页。
② 章太炎:《汉学论》,《章太炎全集》(五),第 23 页。
③ 章太炎 1932 致吴承仕书,见马勇编:《章太炎书信集》,第 361 页。

正彻底的史学。章太炎自早年之学至晚岁之论,都在寻求一条将经学彻底史学化的道路,并且,他既将六经视为史籍,那么删削六经的孔子,最重要的身份只有一个,那就是史家。

1902年,章太炎重订《訄书》,新增一篇《订孔》,其中对孔子有明确的定位:

> 孔氏,古良史也。辅以丘明而次《春秋》,料比百家,若旋机玉斗矣。谈、迁嗣之,后有《七略》。孔子死,名实足以伉者,汉之刘歆。①

以孔子为"古良史也",实在是石破天惊,前所未有之论。而将孔子拉到下接左丘明、司马谈司马迁父子、刘歆的脉络中,同样是发前人所未曾发。在历史上,对孔子的认识确有不同的侧重,如今文家以孔子为有德无位的素王,古文家以孔子为述而不作的圣人,理学家以孔子为至圣先师。而章太炎直接将孔子视为"良史",其实是为了与今文家的"素王"之说相对抗。"良史"之义,徐复注曰:"良史,能秉笔直书,记事信而有征的史官。"②这一解释是错误的,章太炎以六经皆史官之遗,即史书,而孔子以私人的身份而非史官的身份删削六经,那么孔子便是史家,而非史官,况且孔子一生

---

① 章太炎著,徐复注:《訄书详注》,第51页。
② 同上。

也从未做过"史官"。章氏对作为史家的孔子,有认同之处,一是孔子非宗教,《儒术真论》(1899年发表)云:

> 仲尼所以凌驾千圣,迈尧舜,轹公旦者,独在以天为不明及无鬼神二事。……惟仲尼明于庶物,察于人伦,知天为不明,知鬼神为无,遂以此为拔本塞原之义,而万物之情状大著。①

非常明显,对孔子这方面思想的强调,是为了从理论上直接对抗康有为以孔子为教主的思想。但是经过章氏这一矫枉过正,孔子变成一个科学的哲学家。二是孔子布历史,在《訄书》修改而成的《检论·订孔》(1914年发表)中,章太炎一改《訄书》之非孔,而多加上一些"理解之同情"的文字:

> 继志述事,缵老之绩,而布彰六籍,令人人知前世废兴,中夏所以创业垂统者,孔氏也。……自老聃写书征臧,以诒孔氏,然后竹帛下庶人。六籍既定,诸书复稍出金匮石室间。民以昭苏,不为徒役;九流自此作,世卿自此堕。朝命不擅威于肉食,国史不聚歼于故府。②

---

① 章太炎:《儒术真论》,汤志钧编:《章太炎政论选集》,第120—121页。
② 章太炎:《检论·订孔》,《章太炎全集》(三),第423—424页。

此处"老"即老子,为周代史官。而孔子的贡献,在于将老子所送的秘府典籍,布于民间。章氏既认为六经之要义,在于"令人人知前世废兴,中夏所以创业垂统",那么孔子之伟大,就在于将秘府中的史籍,整理以教弟子,使此后诸子皆得以窥见这些古史。这样,孔子便是一个史学的教师。

章氏对孔子这两方面的贡献,即便是在极力诋孔的《诸子学略说》中,也不敢抹杀,其中概括为:"虽然,孔子之功则有矣,变禨祥神怪之说而务人事,变畴人世官之学而及平民,此其功亦夐绝千古。"①这样,孔子之所以卓绝者,实际是作为哲学家和史学家。这种思路与评价,已经与后来经过"现代"与"科学"洗涤的孔子观,没有根本性的区别。而早在光绪三十一年,即西元1905年6月20日,许之衡在《国粹学报》发表了《读〈国粹学报〉感言》,便已经说到章太炎对孔子的重新评价带来的社会影响,许之衡说:"余杭章氏《訄书》,至以孔子下比刘歆,而孔子遂大失其价值。一时群言,多攻孔子矣。"又言:"近一二年来,有某氏之论保教,章氏之论订孔,而后生小子,翕然和之,孔子遂几失其旧步。"②某氏,即梁启超,当时之文为《保教非尊孔论》。许氏之论,可谓见微

---

① 章太炎:《诸子学略说》,汤志钧编:《章太炎政论选集》,第291页。

② 许之衡:《读〈国粹学报〉感言》,《国粹学报》第六期,1905年出版。当时章太炎之《訄书·订孔》、梁启超之《保教非尊孔论》影响一时,而许之衡文章对此二者进行了反驳,其文之精在于从宗教角度反思中西文明的区别。

知著也。

章太炎的经学观,是"夷六艺于古史",随之而来的孔子观,必然是夷孔子于"良史"。五经由法而史,则孔子必然由圣人而至于史学家。在章太炎看来,孔子以下,相承接的是左丘明、司马迁、班固这一谱系。《诸子学略说》云:"孔子删定六经,与太史公、班孟坚辈,初无高下,其书即为记事之书,其学惟为客观之学。"①如果说《诸子学略说》以后经过了章氏的自我否定,不足为据,那么,《国故论衡·原经》之说愈明,章氏云:

> 令仲尼不次《春秋》,今虽欲观定哀之世,求五伯之迹,尚荒忽如草昧。夫发金匮之藏,被之萌庶,令人不忘前王,自仲尼、左丘明始。且苍颉徒造字耳,百官以治,万民以察,后世犹蒙其泽。况于年历晻昧,行事不彰,独有一人,抽而示之,以谂后嗣,令迁、固得续其迹,讫于今兹。则耳孙小子,耿耿不能忘先代,然后民无携志,国有与立,实仲尼、左丘明之赐。②

章氏学之根柢在《春秋》,《春秋》主《左氏》,因此,对他而言,谈《春秋》必接《左氏》,而后是《史》、《汉》,因此,章氏言孔子,亦多与左丘明并言,而后接司马迁、班固。在现代学

---

① 章太炎:《诸子学略说》,汤志钧编:《章太炎政论选集》,第286页。
② 章太炎著,庞俊、郭诚永注:《国故论衡疏证》,第302—303页。

术中,这完全是一个"史"的系统,而不是"经"的系统。

章太炎对孔子的评价,更集中的是在与康有为论战的文章《驳建立孔教议》(作于1913年),此文畅论章氏心目中孔子的贡献:

> 盖孔子所以为中国斗杓者,在制历史、布文籍、振学术、平阶级而已。……孔子于中国,为保民开化之宗,不为教主。世无孔子,宪章不传,学术不振,则国沦戎狄而不复,民居卑贱而不升,欲以名号加于宇内通达之国,难矣。今之不坏,系先圣是赖!是乃其所以高于尧、舜、文、武而无算者也![1]

"制历史"的,是作《春秋》的孔子。章太炎说到,在孔子之前,史书之记录少。"自孔子作《春秋》,然后纪年有次,事尽首尾,丘明衍传,迁、固承流,史书始灿然大备,絭则相承,仍世似续,令晚世得以识古,后人因以知前。故虽戎羯荐臻,国步倾覆,其人民知怀旧常,得以幡然反正。此其有造于华夏者,功为第一。"[2]作《春秋》的孔子,在章氏看来,最重要的贡献是开创了编年体的写作,使真正的史学得以确立。这与《国故论衡·原经》的说法是完全一致的。在这里,孔子最

---

[1] 章太炎:《驳建立孔教议》,《太炎文录初编》,《章太炎全集》(四),第196—197页。
[2] 同上,第196页。

重要的身份是史家。

"布文籍"的,是删定六经的孔子。章太炎说到,从《周礼》中看出周代的政典教育完全掌握在官府,虽有史书,齐民不识,而孔子改变了这一状况。"自孔子观书柱下,述而不作,删定六书,布之民间,然后人知典常,家识图史。其功二也。"①孔子删定古王官六经,以教弟子,使教育从官府转至平民。在这里,孔子是教育家。

"振学术"的,是作为子家的孔子。诸子皆出王官,但典籍不足,学无大成,自孔子发明思想,开启了诸子争鸣的局面,故章氏说:"自孔子布文籍,又自赞《周易》,吐《论语》以寄深湛之思,于是大师接踵,宏儒郁兴。虽所见殊涂,而提振之功在一,其功三也。"②孔子的个人思想激发了后来的儒家,并对诸子百家产生影响。在这里,孔子成为思想家。

"平阶级"者,是孔子的教育结果。章氏言春秋时代,官多世卿,父子相继,但是,"自孔子布文籍,又养徒三千,与之驰骋七十二国,辨其人民,知其土训,识其政宜,门人余裔,起而干摩,与执政争明。哲人既萎,曾未百年,六国兴而世卿废,民苟怀术,皆有卿相之资,由是阶级荡平,寒素上遂,至于今不废。其功四也。"③这里强调孔子的教育活动,在春秋战

---

① 章太炎:《驳建立孔教议》,《太炎文录初编》,《章太炎全集》(四),第197页。
② 同上,第197页。
③ 同上。

国的政治、思想变局中的影响。

章氏《驳建立孔教议》作于辛亥革命之后,当时他的思想,已经与辛亥前之诋孔不同。而这里所总结的四项,既包括了章氏早年所承认的孔子功绩,同时又包含其晚年尊孔崇经之后的议论,可以说是章氏对孔子的集中评价。即便如此,在章氏心目中,孔子也不是一个超越古今(时间)的圣人,而是落实在具体的春秋时期,对中国历史文化作出巨大贡献的"史家"。可以说,章氏以史观孔,而导出的是以孔为史。

章太炎以孔子为古代"良史",说到底,就是要否定孔子删定五经,尤其是作《春秋》有"立法"的意义,褫夺孔子的"立法权"。孔子作《春秋》,制素王之法,这是两汉、晚清今文家最普遍的共识,汉末古文大师如贾逵、郑玄也认同之。章太炎既以六经为历史,那么作为历史的《春秋》经、《左氏》传,便成为章太炎探究的一个重要问题。章太炎晚年作《春秋左氏疑义答问》,在杜预的基础上,提出了一个更为大胆的推论:

> 孔子观周,本以事实辅翼鲁史,而非以剟定鲁史之书。又知《左氏春秋》,本即孔子史记,虽谓经出鲁史,传出孔子,可也。[①]

---

① 章太炎:《与吴承仕》,《章太炎书信集》,第361页。

也就是说，孔子已经看到鲁国国史，但仍和左丘明到周王室去观诸侯国史，就是要通过多国国史共同考定鲁史的事实，使《春秋》更加精详。诸侯国史集合而成的《左氏春秋》，简直可以视为孔子编《春秋》的传记。章门弟子黄侃在为《春秋左氏疑义答问》所作的序言中说得更加明白："孔子作《春秋》，因鲁史旧文而有所治定；其治定未尽者，专付丘明，使为之《传》，《传》虽撰自丘明，而作《传》之旨悉本孔子。"① 如此，《春秋》没有所谓的微言大义，一字褒贬，《公羊》、《榖梁》二传，不过后师末学，而正传惟在《左氏》。《春秋》经文与《左氏》传文，都可以视为孔子所作。通过《春秋左传疑义答问》的改造，《春秋》经与《左氏》传，合二而一，孔子与丘明，不可分割。章太炎的《春秋》学，是比杜预更加彻底的史学。通过章氏的改造，《春秋》不但不是孔子的素王大法，而且也不是周公的史法旧章，而是记述春秋时期十二公二百四十二年史实的作品。杜预将《春秋》由孔子法变成周公法，而章太炎则更进一步将孔子法转变成春秋时期的历史记载。在这个意义上，孔子成为真正的"良史"。

但是，章太炎之《春秋》学，有一事终其一生不能解释融洽的，那就是《孟子》中的两段话。其一是《孟子·离娄下》云："其事则齐桓晋文，其文则史，孔子曰：'其义则丘窃取之

---

① 黄侃：《春秋左氏疑义答问》后序，《章太炎全集》(六)，第341页。

矣。'"其二是《孟子·滕文公下》云:"《春秋》,天子之事也。是故孔子曰:'知我者其惟《春秋》乎,罪我者其惟《春秋》乎。'"如果传《春秋》的是《左氏》,根本不存在"窃取"的问题,《春秋》的重要,也不至于在六经中独至"知我罪我"的地步。历代《孟子》注解,多同《春秋》今文之义。而章太炎不得不竭尽其智,曲为解说。在《检论·春秋故言》中,章太炎说:

> 自孔子以鲁故臣,依大史丘明为主,而修《春秋》,躬处小国陪台之列,故君弑皆讳言"薨"。丘明虽箸其事,本孔子意,不曰其君。故曰:"罪我者其惟《春秋》乎!""其事则齐桓、晋文,其文则史,其义则丘窃取之矣","义者,《春秋》凡例,掌在史官,而仲尼以退吏私受其法,似若盗取,又亦疑于侵官,此其言'罪'言'窃'所由也。"①

以章氏之见,《左传》不为其君讳,故言"罪我",孔子非史官而偷盗史官之法,故言"窃取"。这样的解释,非常牵强,尤其是与今文家之言孔子作《春秋》是立法而僭王章,朱子之注《孟子》用今文之义相比,章氏之说更加显得扞格不通。至1933年,章氏在无锡国专讲《〈春秋〉三传之起源及其得失》,也说:

---

① 章太炎:《检论·春秋故言》,《章太炎全集》(三),第408页。

> 盖《春秋》者官史也，孔子不在其位，不当私修官史。班固坐私修官史而得罪，以后例前，所谓"罪我者其惟《春秋》"者，信矣。孔子又曰"其义则丘窃取之"者，当时国史，不容人看，"窃取"即偷看之谓矣。①

1935年，章氏在苏州国学讲习会讲《经学略说》，也说到：

> 后人解《孟子》，以为孔子匹夫而行天子之事，故曰"罪我者其惟《春秋》"，此大谬也。周史秘藏，孔子窥之，而又洩之于外，故有罪焉尔。……岂徒国史秘藏，其凡例当亦秘密，故又曰："其义者丘窃取之矣。"义即凡例之谓，窃取其义者，犹云盗其凡例也。②

根据章氏的解释，孔子作《春秋》，是为了"制历史"的大业，而不惜行窃盗之事。

四、章氏三"原"：以历史瓦解价值

章太炎将经学转化为历史的实录，从而将经学转化为史

---

① 章太炎：《〈春秋〉三传之起源及其得失》，《章太炎演讲集》，第355页。
② 章太炎：《经学略说》，《章太炎演讲集》，第529页。

学的构成部分。这种双重转化,加上章氏文字音韵学之精,使他以历史的眼光探求经学中几个重要概念的"本原",而且,在这种"本原"化的历史追溯中,瓦解了这些概念的价值,兹以经,儒,素王三个概念为例,看经学概念在极端"历史化"之后的变异。

1. 原"经"

对"经"的理解,两汉今古文经师皆无异义。今文如《白虎通》云:"经,常也。"①古文如郑玄云:"经者不易之称。"皆以经为常道。自汉魏至于明清,言经学之"经"字义,皆在此一理解中。章太炎既具历史之眼光,故求经字之"本义"。1910年《教育今语杂志》载章氏在日本演讲稿《经的大意》,首发高论云:

> 甚么叫做经?本来只是写书的名目,后来孔子作《孝经》,墨子有《经上》、《经下》两篇,韩非子的书中间也有经,就不一定是官书了。但墨子、韩子的书,向来称为诸子。孔子的《孝经》,也不过是传记。真实可以称经的,原只是古人的官书。《庄子·天下篇》说六经的名号,是《易》、《诗》、《书》、《礼》、《乐》、《春秋》。《礼记·经解篇》也同。难道古人只有六经么?并不然。现

---

① 班固著,陈立注:《白虎通疏证》,北京:中华书局,1997年,第447页。

在存的,还有《周髀算经》,是周公和商高所说。更有《逸周书》,也是周朝的史官所记录。《易经》的同类,还有《连山》、《归藏》。《礼经》的同类,还有《司马法》。汉朝都还完全。这些都是官书,都可以唤作经。不过孔子所删定的,只有六经。也不是说删定以后,其余的书一概作废,不过这六件是通常讲诵的,其余当作参考书罢了。①

在《国故论衡·原经》中,章太炎追溯先秦之称"经"数义:"《吴语》称'挟经秉枹',兵书为经;《论衡·谢短》曰'《五经》题篇,皆以事义别之,至礼与律独经也',法律为经。《管子》书有'经言'、'区言',教令为经。"②下又列"世经"、"图经"、"畿服经"等等之称"经",证"经"之名非官书。是从本义讲,经不但非官书,也非儒书,古代之书皆可称"经"。至1935年,章太炎在苏州章氏国学讲习会讲《经学略说》,其时章氏已知辛亥鼎革,道德沦丧,古文经说,因史而亡,然讲经学,犹云:"经之训常,乃后起之义。《韩非·内外储》首冠经名,其意殆如后之目录,并无常义。今人书册用纸,贯之以线。古代无纸,以青丝绳贯竹简为之。用绳贯穿,故谓之'经'。经者,今所谓线装书矣。"③

---

① 章太炎:《经的大意》,《章太炎演讲集》,第70页。
② 章太炎著,庞俊、郭诚永注:《国故论衡疏证》,第276页。
③ 章太炎:《经学略说》,《章太炎演讲集》,第485页。

此处胪列三说,贯串章氏一生,而皆以历史眼光"原经",而"原"至于最古时代,"经"只是古书之统称。究章氏之原意,是为了反对明确地以六经为常道的今文经学,所以,超过汉代今文家说,而至于孔子以前的王官六经,而且将孔子之前的六经视为历史的记载,这样一来,便自然而然地瓦解了"经"的神圣性。可以说,章太炎为了瓦解今文经学,而将经学视为史籍,经学一旦成为史籍,无形中,却连古文经学视经为"法"的意义,也被完全瓦解。

章太炎的这一做法,直接开启了经学溃亡,连经学研究也一并崩溃的"新学"。章门弟子朱希祖据章氏之"经"字定义,于1919年直接提出:"经学之名,亦须捐除。"其说云:"经学之名,何以必须捐除呢?因为经之本义,是为丝编,本无出奇的意义。但后人称经,是有天经地义,不可移易的意义,是不许人违背的一种名词。……我们治古书,却不当作教主的经典看待。况且《易》、《诗》、《书》、《礼》,本非孔子一家之物,《春秋》以前的书,本非孔子一人所可以垄断的。"[1]章氏另一弟子曹聚仁在《从疑古到信古》中也列举了章氏《国故论衡·原经》言古代兵书、法律、教令、历史、地制、诸子皆可以称"经",而云:"总之依章师的主张,一切书籍都是经,这对于提倡读经尊孔的腐儒们,是最有力的讽刺。"[2]最后曹氏的结论,是奉劝

---

[1] 朱希祖:《整理中国最古书籍之方法论》,《朱希祖文存》,上海:上海古籍出版社,2006年版,第95页。
[2] 曹聚仁:《中国学术思想史随笔》,北京:三联书店,1996年版,第40页。

青年们:"爱惜精神,莫读古书!"①其中,朱希祖纯为史学研究者,且主政北大历史系,辛亥之后,经学科废,举世趋新,本待有识之士,重振绝学。而章太炎对经学的瓦解,使其弟子一辈,自然而然地接上西来现代学术的思路。

同时,章太炎对"经"的定义,也直接接上了新派学者的思路。顾颉刚直到1962年作《中国史料的范围和已有的整理成绩》,还在说:"近人章炳麟早就解释过,'经'乃是丝线的意思,竹木简必须用了丝线编起来捆起,才可以使它不散乱。可见这原是一种平常的工具,没有什么崇高的意义可言。"②

必须特别注意的是,章太炎释"经"字本义,已非"经学"之经。当时学出廖平,又曾私淑章氏的李源澄,在这一问题上洞若观火,李源澄《经学通论》有云:"经学之经,以常法为正解,不必求经字之本义。然经学虽汉人始有之,而经之得名,则在于战国之世。故常法为经学之本义,而非经之达诂。近世释经义者,皆释经字之义,而非经学之经义也。"③"经"字本义与"经学"之"经"是两回事,要解释"经学"之经,不必求诸"经"字之本义,就像要解释"人性",不必追溯到猿性,更不必追源到单细胞原始生物之性一样。以章氏之

---

① 曹聚仁:《中国学术思想史随笔》,第44页。
② 顾颉刚:《中国史料的范围和已有的整理成绩》,《顾颉刚古史论文集》(卷七),北京:中华书局,2011年版,第454页。
③ 李源澄《经学通论》,《李源澄著作集》,台北:中央研究院中国文哲研究所,民国97年版,第4页。

博学深思，谅不至于不知此，惟其好古过甚，厌汉儒过深，又纵横其博闻多知，故夷经为史，无所不用其极。其早年持此说，以攻击康有为，尚可理解，至于晚年，经学陵迟，既早闻其弟子朱希祖"捐除经名"之论（1919年），又知钱玄同《重论经今古文问题》（作于1931年）之说，且深知"天乘""人乘"之别①，但仍然以"经"之义如今之谓线装书，则反坐论敌之口实矣。

2. 原"素王"

章氏之二"原"为原素王。素王之说，为今文经学立学之根基，而汉世古文家也多接受之。盖承认孔子有立法，则孔子为素王也。孔子之立法，在《春秋》。主《公羊传》者，董仲舒对汉武帝云："孔子作《春秋》，正先王而系万事，见素王之文焉。"②卢钦《公羊序》曰："孔子自因鲁史记而修《春秋》，制素王之道。"③主古文《左传》者，贾逵《春秋序》："孔子览史记，就是非之说，立素王之法。"④是皆以孔子之作《春

---

① 章太炎1935年9月写给欧阳竟无的信中说："佛家宗旨本在超出三界，至于人乘，只其尘垢秕糠。而儒者以人乘为大地，所谓孔子绝四、颜渊克己者，乃是超出天人之事，原非尽以教人。今兹所患，但恐人类夷于禽兽，遑论其他。然则可以遍教群生者，不过《孝经》、《大学》、《儒行》三书而已。此三书纯属人乘，既不攀援上天，亦不自立有我，俱生我执，虽不能无，分别我执，所未尝有，以此实行，人类庶其可救。"（章太炎：《与欧阳竟无》，《章太炎书信集》，第940页。）章氏晚年此见甚卓。
② 班固：《汉书·董仲舒传》，第2509页。
③ 杜预注，孔颖达疏：《春秋左传正义》，第16页。
④ 同上。

秋》,为立素王大法者也。章太炎以孔子为史家,史家者,整理历史,使后人明朝代兴亡者也。而素王则是提出价值,以为后世制法者。是故章氏必瓦解素王之义,而其法,仍是以"历史"记载瓦解价值,《国故论衡·原经》云:

> 盖素王者,其名见于《庄子》,原注《天下篇》,伊尹陈九主素王之法,守府者为素王;庄子道玄圣素王,无其位而德可比于王者;太史公为《素王眇论》,多道货殖,其《货殖列传》已著素封,无其位,有其富厚崇高,小者比封君,大者拟天子。此三素王之辨也。仲尼称素王者,自后生号之。①

章太炎以历史上可见的三种不同的"素王",证明孔子之称"素王",非其本来,不过是后儒为尊崇孔子,臆加"素王"之号而已。孔子是素王,则《春秋》为孔子法,孔子非素王,则《春秋》为孔子整理春秋时代之旧史而已。故章太炎以为,认为孔子作《春秋》为后世立法,是"以不尽之事,寄不明之典,言事则害典,言典则害事,令人若射覆探钩,卒不得其详实。故有《公羊》、《穀梁》、《驺》、《夹》之《传》,为说各异,是则为汉制惑,非制法也。"②今文家言孔子"为汉制法",

---

① 章太炎著,庞俊、郭诚永注:《国故论衡疏证》,第296、297页。
② 同上,第298页。

而章氏以为《春秋》今文有四传,义各不同,是"为汉制惑"。而他认为,《春秋》只是史,故云:"言《春秋》者,载其行事,宪章文武,下尊时王,惩恶而劝善,有之矣;制法何与焉?"①依章氏之说,孔子实为史家,其作《春秋》,《左氏》为正传,乃在于整理春秋正史,布于人间,使民间得而习之。

章氏之破素王之说,仍然是以史籍之歧说,破经典之神圣。素王之说,本以孔子之前,皆有圣德,而有王位,故制作礼乐。而至于孔子,有德无位,故立空王之法以垂世,是称素王。而章氏则列"三素王之辨",使专属孔子之素王,可属之守府者,可与之货殖者,孰不知伊尹之言,史公之论,非经学之谓素王也。

3. 原"儒"

章太炎三原为原"儒"。《国故论衡·原儒》开头即云:

> 儒有三科,关达、类、私之名。达名为儒:儒者术士也。……类名为儒:儒者,知礼、乐、射、御、书、数……私名为儒:《七略》曰:"儒家者流,盖出于司徒之官,助人君顺阴阳明教化者也。游文于六经之中,留意于仁义之际,祖述尧舜,宪章文武,宗师仲尼,以重其言,于道为最高。"②

---

① 章太炎著,庞俊、郭诚永注:《国故论衡疏证》,第298页。
② 同上,第481—485页。

章氏此篇,极尽坟典,而立论大意,则追溯"儒"之歧义。章氏搜集古之言"儒"者,据《墨子·经上》言:"名:达、类、私",而分儒为三种。其一"达名为儒",指的是古人有将"儒"学概括一切"术士",即一切有术之士者,凡道家方士、法家、杂家,九流之人都可以称"儒"。其二为"类名为儒",指的是《周礼》诸侯有保氏之官,以礼、乐、射、御、书、数"六艺"教人,通此六艺者称"儒"。其三为"私名为儒",指的是刘歆《七略》所云,王官失守,衍为诸子,司徒之官变成"儒家"。言至于此,则仅分析古书中"儒"本有异说,虽同一字,意旨有别。然章太炎之意不在此,分别三科之后,乃云:"是三科者,皆不见五经家。往者商瞿、伏胜、穀梁赤、公羊高、浮丘伯、高堂生诸老,《七略》格之,名不登于儒籍。"[1]也就是说,古之儒者三种含义,无一含义包括了传五经的经师,易言之,经师不是"儒",而在《七略》的图书分类中,传五经之周秦大师,皆不在"儒家类"中,而在"六艺略"中。是"经学"与"儒学",截然分开,古"儒"之三科,皆无经师,《七略》之六艺,皆无儒者。盖刘歆之《七略》,以六艺为王官学,而诸子为百家言,儒家止为诸子之一,非能跻于王官。但是,早在刘歆之前,司马迁著《史记》,其《儒林传》皆传经之士,且自《史记》之后,历代正史,因之未改,则五经之学,岂非"儒家经典"? 章氏于此解释道:"自太史公始儒林题齐、鲁诸生,徒

---

[1] 章太炎著,庞俊、郭诚永注:《国故论衡疏证》,第488页。

以润色孔氏遗业。又尚习礼乐弦歌之音,乡饮大射之礼,事不违艺,故比而次之。"①如此说来,司马迁将经师行迹题为"儒林传",不是因司马迁认为传经即儒者之业,而是因为这些传经者能够发展"做为诸子之一的孔子"的学说——勉强可以列入"私名为儒",而且,他们也司《周礼》六艺的礼、乐、射——勉强可以列入"类名为儒",在章太炎看来,司马迁大抵上是搞错了。章氏接着说:"晚有古文家出,实事求是,征于文不征于献,诸在口说,虽游、夏犹黜之。斯盖史官支流,与儒家益绝矣。"②因为古文经师研究的是王官学,不是百家言,是《七略》中的"六艺",不是"诸子"之"儒家类",所以,古文经师是"史官之支流",并不"润色孔氏遗业",与孔子关系不大,也非"事不违艺",不符《周官》保氏之教,所以,古文经师更不应列入《儒林传》。章太炎以他所概括的儒者三科为标准,评议道:"今独以传经为儒,以私名则异,以达名、类名则偏。……传经者复称儒,即与私名之儒相殽乱。"③传经者传的是作为官书(历史)的六经,与作为诸子的"儒",已然不同,而将其放在一切术士的"儒"与周官保氏"六艺"的儒中,又只执一偏,所以说,经师与儒士,判然有别。

这样,章氏以历史的眼光,总结出"儒"的原意,断定"儒"是子家,"经"在经部,二者不应相混淆。如此一来,呈

---

① 章太炎著,庞俊、郭诚永注:《国故论衡疏证》,第489页。
② 同上,第490页。
③ 同上。

现出章氏的用意,是将经学与孔子区别开来。孔子不是经学的开创者,而只是经学的传承者,并且经学只是历史的实录,在这种逻辑中孔子的删削述作事业,铸就的是一个"史学家"。章氏通过"原儒",裂分儒家与经学,夷孔子为诸子,这就是以历史瓦解价值。章氏之后,胡适《说儒》诸论,继章氏之"儒者三科"而作,儒家与经学渐行渐远。我们还可以从章门弟子曹聚仁的《〈原儒〉》来看章氏之说的影响。曹氏说到:"太炎师是首先提出了'题号由古今异'的历史新观点,使我们明白古人用这个'儒'字,有广狭不同的三种观点。他的大贡献在于使我们知道'儒'字的意义,经过了一个历史的变化,从一个广义的包括一切方术之士的儒,后来缩小到那'祖述尧舜,宪章文武,宗师仲尼'的侠义的'儒'。我们已经把孔丘的本来面目暴露出来,让大家明白不独宋明理学的观点,跟孔子不相干,即魏晋清谈家的论点,也和孔氏相去很远;西汉今文学家更是鬼画符,连春秋战国的儒家,也不是真正的孔子之学呢!从历史观点看儒家的演化,是有了新的意义。"①

在经学史上,对"经"、"儒"、"素王"诸关键词的理解,决定了对经学大方向的认识。章太炎解释这三个概念,都以"历史"的眼光,纵横其博闻多识的才华意气,追究其本意,胪列其歧义,结果不是使其意旨大明,而是使其价值全失。

---

① 曹聚仁:《中国学术思想史随笔》,第68页。

章氏原经而夷经为史,进而为史料,原儒而夷儒为子学,孔子为诸子,原素王而孔子不立法。章氏之"三原",都已经超出了传统古文经学的范围,而导夫现代史学之先路。而在现代史学中,已没有独立的"经学"的位置。

第二章　中国：成为"历史"

章太炎对经学，既"夷六艺于古史"，对孔子，既视之为"古之良史也"，则章氏之经学，实史学耳。经学成史，六经为历史记载，所带出的思想结果，远远超出了经学本身，而关系着对整个中国学术的理解。传统学术以经为纲，在清末民初，经过古今之辨，将中西问题转化为古今问题，"中国"成为"古代"，自此之后，现代学术转型进入"以史为本"时代。在这一转化中，章太炎正是一个转捩点。自传统经学角度看，章氏在消解今文经的同时瓦解了经学本身，从而为"以史为本"的现代学术体系奠定了基础。

一、从"经学"观到"国学"观

自晚清至民初，对中国学术的统称，有几个流行词汇：国粹、国学、国故。三者皆与"国"有关,而其"国"字之义,则已非传统典籍"家国"之国,而是现代民族国家之国。也就是说,"国学"这一概念的出现,是在华夏文明遭遇西方现代文明之后,迫于救亡的压力而模仿西方民族国家建国方式的过程中,将传统普遍主义、天下主义思想转化成现代民族国家思想的结果。①盖当时中华并无现代"国家"观念,要建立一个现代国家,势必从历史中寻找资源,将时间上分属于不同朝代的思想语言、典章制度、社会风俗,整合成为一个"国家"实体的连续性"历史"。在这种整合中,追溯一个空间大体确定,时间连续不断的民族国家历史。无论是"国粹","国学",还是"国故",都直接指向民族国家建设这一建国大业。三个名词之间,微有区别,但大体无异。

"国粹"之名,迻译自日文,较早言"国粹"者,如《译书汇编》西元1902年5月发表的《日本国粹主义与欧化主义之消长》,介绍日本学术有二派,一为国粹主义,一为欧化主义,"国粹云者,谓保存己国固有之精神,不肯与他国强同。"②同年,黄节在《政艺通报》发表《国粹保存主义》,亦云:"夫国粹者,国家特别之精神也。"③而1904年邓实于《政艺通报》发

---

① 详见干春松:《"国学":国家认同与学科反思》,干春松、陈壁生编:《国学与民族国家》序言,广西师范大学出版社,2011年版。
② 刘东、文韬编:《审问与明辨:晚清民国的"国学"论争》,北京大学出版社,2012年版,第83—84页。
③ 刘东、文韬编:《审问与明辨:晚清民国的"国学"论争》,第90页。

表《国粹学》,则认为:"国必有学而始立,学必以粹为有用。"①大体而言,"国粹"指的是一国所立之根本,一国之学之精华。西元1905年以后,黄节、邓实创办《国粹学报》,而"国粹"一名,乃大行于天下。而章太炎也屡言"国粹"。

现代意义上的"国学"之名,始见于1902年秋,梁启超有创办《国学报》计划,致信黄遵宪,黄氏复信有"《国学报》纲目体大思精","仆以为当以此作一《国学史》"。② 其后,"国粹"、"国学"并用,至1923年胡适作《〈国学季刊〉发刊宣言》,言"国学"是"国故学"的缩写,中立而不含褒贬,次说迎合当时人对"国学"取其精华,去其糟粕的态度,自此之后,"国粹"、"国故"几乎完全弃而不用,"国学"一词遂单行矣。

"国故"之名,出自章太炎1910年所作《国故论衡》,因《国故论衡》风行天下,"国故"一词,也不胫而走。但章氏讲学,大多以"国学"冠名,例如1905年在日本"国学讲习会"讲文字学及诸子学,1922年在上海江苏教育会讲"国学十讲",1935年在苏州章氏国学讲习会讲小学、经学、史学、诸子、文学。可见在章氏心目中,"国故"与"国学"实可以等同。

晚清民初,章太炎学术生命最为活跃的这段时期,正是

---

① 刘东、文韬编:《审问与明辨:晚清民国的"国学"论争》,第94页。
② 丁文江、赵丰田编:《梁任公年谱长编》,中华书局,2010年版,第147页。

"国粹"、"国学"、"国故"这些名词最流行的时候。而章太炎也是这些名词所指向的最重要的学术代表人物。他既是《国粹学报》的主要作者之一,又是各种"国学讲习会"的主讲者,还是"国故"的创造者。而对章太炎而言,这三个名词,基本上是同义而异名,大体上可以互相换用。这些名词所指,是今人所谓的"中国学术",而且章太炎在运用这些名词的时候,态度也基本一致,即以历史的眼光,整体地看待中国学术,因为只有通过"历史",才能为新建的"中国"提供"国性"。

所谓"国学"者,本来就有两层意思,一是以传统的经、史、子、集这些典籍,集合为"国学"。但四部仅为书籍的分类,四部典籍,仅为客观的研究对象,故需要有第二层意思,即看待四部典籍的主观眼光。眼光与对象相结合,才能构成完整的"国学"。而近代学术之变迁,根本变化不在于客观的对象,而在于主观的眼光,用何种眼光看待古代典籍,决定了学术形态的性质。

章太炎的"国学"的基本特征,是以历史的眼光整体地看待中国学术,其中,"历史的眼光",是章氏最为强调的内涵。1906年章氏出狱赴东京,在东京留学生欢迎会上的演讲中,即云:

> 为甚提倡国粹?不是要人尊信孔教,只是要人爱惜我们汉种的历史。这个历史,就是广义说的,其中可以

> 分为三项:一是语言文字,二是典章制度,三是人物事迹。①

就章太炎而言,"国粹"不是一些抽象而永恒的价值,而是具体而切实的历史。国粹的目的,旨在"用国粹激动种性,增进爱国的热肠",②则必须在中西之别中,言明"中国历史"的独特性,而这种独特性,便在于语言文字、典章制度、人物事迹之中。在章氏心目中,有非常明确的中西之辨,他所至为措意者,即在于从中国历史发现中国文明的特质,从而将之发明于世。而对他来说,古今之别并不截然两分,古之中国即今之中国。这种严辨中西,不分今古,导致章氏对"历史"的看法,并非在某家某派的史学理论,而是广义上将过去的一切都以"历史"进行理解,今天仅是昨天的延续。这种"历史的眼光",使章氏将整个国学视为历史,并且这种历史并非意味着过去,而是指向未来。因此,"历史"是铸造一个新的现代民族国家的根基,章太炎说到新民族国家与旧学术思想的关系,有云:

> 仆以为民族主义,如稼穑然,要以史籍所载人物制度、地理风俗之类,为之灌溉,则蔚然以兴矣。不然,徒

---

① 章太炎:《在东京留学生欢迎会上之演讲》,《章太炎演讲集》,第5页。
② 同上,第3页。

知主义之可贵,而不知民族之可爱,吾恐其渐就萎黄也。孔氏之教,本以历史为宗。宗孔氏者,当沙汰其干禄致用之术,惟取前王成迹可以感怀者,流连弗替。春秋而上,则有六经,固孔氏历史之学也。春秋而下,则有《史记》、《汉书》,以至历代书志纪传,亦孔氏历史之学也。①

章氏这里所说的"史籍",不单指史部典籍,而是泛指一切传统典籍,即"国学"之典籍。以历史文明之精华,唤起爱国的热情,这种历史文明,集中在"孔氏历史之学"上,孔子之学便是史学,孔子之前,有孔子删削的六经,为记录古代圣王之事,是历史;而孔子之后,历代史官借鉴六经体例,写成历代史志,也是历史。这种"孔氏历史之学",正是"国粹"的基本内容,也是民族主义热情之所以成立的实质性支撑。

章太炎将中国传统学术总括为"国粹"、"国学"、"国故",这些名词本身便意味着一种历史的眼光。在其早年(1910年)的《国故论衡》中,"国故"包括了小学、文学、诸子等方面的内容。在其中年(1922年)在上海江苏教育会讲演国学,则将国学派别分为"经学"、"哲学"、"文学"三类。而在其晚年(1935年)在苏州章氏国学讲习会讲演国学,则分为"小学略说"、"经学略说"、"史学略说"、"诸子略说"、"文

---

① 章太炎:《答铁铮》,《太炎文录初编》,《章太炎全集》(四),第371页。标点为引者所加。

学略说"五个部分。这些分类方式并不完全相同,但是其背后,都有"史"的底蕴。

对于经与史,前文已述,章太炎"夷六艺于古史",认为六经都是古代史籍,经部与史部本不必分别。章氏1933年在无锡国专讲《历史之重要》,述六经皆为史册,又有云:"经与史关系之深,章实斋云'六经皆史',此言是也。《尚书》、《春秋》,本是史书,《周礼》著官制,《仪礼》详礼节,皆可列入史部。西方希腊以韵文记事,后人谓之史诗,在中国则有《诗经》。至于《周易》,人皆谓是精研哲理之书,似与历史无关,不知《周易》实历史之结晶,今所称社会学是也。……然六经之中正式之史,厥维《春秋》,后世史籍,皆以《春秋》为本。"①是六经皆历史记载也。

而对于史与子的关系,章太炎从《汉书·艺文志》诸子出于王官说,言对子学的研究,也需要"史"的眼光。章氏1906年在《国粹学报》发表的《诸子学略说》论诸子之说云:"《史记》称老聃为柱下史,庄子称老聃为征藏史,道家固出于史官矣。孔子问礼老聃,卒以删定六艺,而儒家亦自此萌芽。墨家先有史佚,为成王师,其后墨翟亦受学于史角。阴阳家者,其所掌为文史星历之事,则《左传》所载瞽史之徒,能知天道者是也。其他虽无征验,而大抵出于王官。"②章氏

---

① 章太炎:《历史之重要》,《章太炎演讲集》,第351页。
② 章太炎:《诸子学略说》,汤志钧编:《章太炎政论选集》,第287、288页。

言诸子出于王官,即出于史官,而此史官,乃周代之史官,则诸子之思想源头,在于周代之史,故看待诸子,也必然要在周代的大背景之中。而且,章太炎还认为要以史学的眼光看待诸子,在《历史之重要》的演讲中,章氏说到:"史与经本相通,子与史亦相通。诸子最先为道家,老子本史官也,故《艺文志》称'道家者流,出于史官'。史官博览群籍,而熟知成败利钝,以为君人南面之术。他如法家,韩非之书称引当时史事甚多。纵横家论政治,自不能不关涉历史。名家与法家相近。惟农家之初,但知种植而已。要九流之言,注重实行,在在与历史有关。"①章氏此说,不只是讲诸子出于王官,而且是说诸子学术,皆需在历史中看待。在章太炎的讲学中,诸子列入"哲学"名下,但是他并不是以西方哲学的眼光看待诸子学,而是以历史的眼光,强调诸子思想义理在历史背景中的价值与意义。

在传统学术中,自晋代之后,学分四部,经、史、子、集平分,所谓书籍之别,但也因此而有尊经崇圣之义。古文经学虽然以经为圣人之法的集合,带有一定的"史"的意味,但因经部之独尊,及古人对圣王的崇敬,而使经部典籍,得以有大宪章的地位。凡政教风俗,皆根源于经义,是以经部为四部之最尊,义理之纲领,史、子、集诸学,皆不能与经并置。章太炎以历史的眼光看待四部典籍,将其归于"国故"、"国学"的

---

① 章太炎:《历史之重要》,《章太炎演讲集》,第351、352页。

大名义之下,则此"史"的眼光,便成为四部的提纲,于是无论看待经部典籍,还是诸子学术,都在"史"的背景下才能展开。群经的意义,由超越时空的永恒价值,转化为古代圣王的政教实录。诸子学的意义,也从义理的言说,转化为思想史的论述。可以说,在章太炎这里,中国学术从一个"以经为纲"的时代,开始转向一个"以史为本"的时代。

传统学术以经为纲,在清末民初,经过古今之辨,将中西问题转化为古今问题,"中国"成为"古代",自此之后,现代学术转型进入"以史为本"时代。在这一转化中,章太炎正是一个转捩点。自传统经学角度看,章氏在消解今文经的同时瓦解了经学本身,从而为"以史为本"的现代学术体系奠定了基础。章氏之前,经学虽受新说冲击,但仍为学术之主体。经过章氏吸收古文经学,将古文经学彻底转化为史学,又大量培养弟子,各成名家,故章氏之后,史学遂为众学之本。可以说,章氏从俞樾、孙诒让、黄以周诸古文大师那里接过诸经的"散珠",用"史"作为绳索把所有的散珠贯穿到一起,打上死结,展览于人间,经章氏之手,人间不复有作为"圣人之法"的珍珠本身,而只剩下作为"史"的珠串,可以名正言顺地放入历史陈列馆展览,以作为"激动种性"的材料。章氏弟子朱希祖述本师功绩云:"先师之意,以为古代史料,具于六经,六经即史,故治经必以史学治之,此实先师之所以异乎前贤者。且推先师之意,即四部典籍,亦皆可以史视之,与鄙意实相同也,特不欲明斥先贤耳。史料扩及于四部,其规模之弘大为何如哉。"①史之规模宏大,而经亡矣,是故章门弟子,再无经师。

二、中西之别中的"国学"

章太炎、胡适之两代学人,于清末民初之世,共同完成了中国学术从"古代学术"向"现代学术"的转型。章太炎显得更加"古典",但已开现代学术之先声。胡适之更加"现代",则奠定了现代分科之学的基础。而学术转型的中间物,即是"国学"这一概念。

章、胡二氏都把整个中国学术概括称为"国学","国学"一词,无论持何种立场,皆与古今之争、中西之别有密切关系。在中西之别中,"国学"从空间上讲,是"中国"的,且此中国已非古代文化意义上的中国,而是现代政治意义上的中国。在古今之争中,"国学"从时间上讲,是"过去"的,但说"古今之争"而非"古今之别",原因就在于对"过去"的理解往往有重大的差异,既可以把"过去"理解为"现在"的来源、依据,用过去来决定现在;也可以将"过去"视为僵化的死尸,无意义的化石。研究者身处现在的中国,所以,无论怎样看待国学,都以中西之别与古今之争为大背景。而对国学的理解,不单取决于研究者对中国文化的认识,而且取决于研

---

① 朱希祖:《章太炎先生之史学》,《朱希祖文存》,第348页。

究者对现实道路的判断。

传统学术自汉至清,皆"以经为纲",经之为名,正说明其为价值之源泉,义理之渊府。凡作史论文,议政论学,皆须以经义为根本,也可以说,经学是传统学术的大本大源。而章太炎将经理解为史,无形中将经籍从永恒的价值转化为上古的史册,从而瓦解了经学超越古今的神圣价值,整个中国学术都归于"史"的眼光的笼罩之下,于是对"国学"的认识,也从传统的"以经为纲"向"以史为本"转化。这样,对国学之本——"史"的理解,便决定了对整个中国古代文化的理解。

章太炎重视中西之别,而弱化古今之争。章氏所汲汲以求的"国学"建构,其根本目的在于,在新的世界格局之中,寻找新建的现代民族国家"中国"的"国性",也就是"中国之所以成为中国"的那些特性,其言"国粹"、"国学"、"国故",要旨皆在于此。这一根本目的,决定了章太炎会极其重视中西之别。这样的思路,使章太炎一开始就有明确的文明多元论思想。最明确的表达,是他在《国故论衡·原学》中所说的:"今中国不可委心远西,犹远西之不可委心中国也。校术诚有诎,要之,短长足以相覆。"[①]下列思想、音乐、医学、史学诸方面,皆中国所胜于西方。中国之所以成为中国,正在于风土习性,以成一国之史,一国

---

① 章太炎著,庞俊、郭诚永注:《国故论衡疏证》,第476页。

之民。章太炎的"以史为本",是用"史"的眼光看待"中国",因而在"古今之争"的维度上,章氏几乎不分今古,而将"今"看成"古"的自然延续。所谓"史",不是无意义的过去,而是昨天的自我,今日之我正是源于昨日之我,今日之中国正是源于昨日之中国。古造就了今,今也正在变成古。历史造成了当下,当下马上变为历史。因此,所谓"历史"是活着的过去,而一切中国古代典籍,正是这个国家活着的过去的记载。

这种历史观,是章太炎思想的内在动力。在晚清民国这种"二千年未有之大变局"时代,"革命"频发,而革命的本质是时间的断裂,从一个旧时代走向一个新时代。章太炎亲身深度参与的推翻满清,建立民国的大革命,以其推翻帝制建立共和,在后来的历史叙事中一直被认为是二千多年来最具典型意义的一场革命。但章氏将之理解为"光复"而非"革命"。1906年章氏在《民报》发表的《革命之道德》一文有云:

> 古之所谓革命者,其义将何所至耶?岂不曰天命无常,五德代起,质文相变,礼时为大耶?夫如是,则改正朔、易服色、异官号、变旗识,足以尽革命之能事矣。名不必期于背古,而实不可不务其惬心。吾所谓革命者,非革命也,曰光复也,光复中国之种族也,光复中国之州郡也,光复中国之政权也。以此光复之实,而被以革命

之名。①

章氏特别说明,真正的"革命"是整个政治的突变,而他所进行的不是这样的革命,而只是针对异族主政,旨在推翻异族政权的"光复"而已。而历史积淀而成的"中国",则不需要革命,而需要保存。1911年辛亥革命发生之后,章太炎回国参与真正的建国活动,在1912年1月3日《中华民国联合会第一次大会演说辞》中,章氏提出了他关于建设新中国的看法,集中的态度是:

> 中国本因旧之国,非新辟之国,其良法美俗,应保存者,则存留之,不能事事更张也。②

---

① 章太炎:《革命之道德》,汤志钧编:《章太炎政论选集》,第309页。文章后收入《太炎文录初编》,并改标题为《革命道德说》。辛亥革命之后,章太炎对中国未来的建国到底应该采用虚君共和,还是民主共和制,态度似乎颇为暧昧。1911年,时在日本的梁启超发表了《新中国建设问题》,主张"虚君共和",并派盛先觉回国与各方面联系,盛先觉在给梁启超的信中,讲到他访问章太炎时,"先是章有给满洲与清帝使之自立之议,觉以询之,章曰:'昔诚有此议,今已知其不可而作罢矣。'觉又闻章曾有共和政府成立之后,首立清帝为大总领,后再黜而竟废之之议,以询章,章曰:'昔亦诚有是,然今大势已粗定,清廷万无能为力,且革命党势甚嚣嚣,再作此言,必大受辱。吾今亦不敢妄谈矣。'"其后盛先觉加议论云:"由是观之,章之难能主张虚君共和,盖可想见,而似默然许可也。何则?觉先进言中国现情,不称共和,章聆而深然之故也。"见丁文江、赵丰田编:《梁任公先生年谱长编》,第296、297页。

② 章太炎:《中华民国联合会第一次大会演说辞》,汤志钧编:《章太炎政论选集》,第532页。

而具体的建议有八条,其中包括:"婚姻制度宜仍旧,惟早婚则应禁。""家族制度宜仍旧。"甚至包括:"在公共场所,效外人接吻、跳舞者,男女杂沓,大坏风纪,应由警察禁止。"①传统婚姻、家族制度,在晚清便开始走向瓦解,而章氏却言"仍旧",这是章氏"历史"观的结果。他严判中西之别,却缓和古今之争,使"古"与"今"一气相通,因而作为历史的"古",对现实有着强大的规定性力量。可以说,章氏的历史观中,通史即可以致用,章氏以"史"瓦解了"经",却让史获得了像经一样的力量。只不过是以史作为一种价值,比经的规范性要弱得多。②

三、章太炎与胡适之

关于章太炎与胡适之的影响,张永义老师有一个清晰的判断:"就历史而言,章太炎影响到'五四一代',胡适影响到'后五四一代'。"③而章、胡二氏对中国学术现代转型的影

---

① 章太炎:《中华民国联合会第一次大会演说辞》,汤志钧编:《章太炎政论选集》,第534、535页。
② 晚清民初,面对二千年未有之大变局,今文经学家中绝大多数坚定地主张君主制,民国之前因维新而被视为激进,民国之后也因只要维新不要革命而被视为保守,其学说不为时代所动。而出身于古文经学者,则要不非常激进,要不非常保守。前者如章太炎,后者如曹元弼。此实为今古文经学之学说使然。
③ 张永义:《经、子之别与"国故"问题——章太炎、胡适关于治学方法的论争》,陈少明编:《现代性与传统学术》,广州:广东人民出版社,2003年,第96页。

响,陈平原的《中国现代学术之建立——以章太炎、胡适之为中心》一书也有所论述。① 章太炎对民国学术的影响,胡朴安在《民国日报·国学周刊》1923年10月10日报纸发表的《民国十二年国学之趋势》一文有云:

> 民国成立,《国粹学报》停刊,然而东南学者,皆受太炎之影响,《国粹》虽停,太炎之学说独盛。北京大学者,学术汇萃之区也,为姚永概、马通伯、林琴南所占据,不学无术,奄奄一息焉。自刘申叔、黄季刚、田北湖、黄晦闻,应大学之聘,据皋比而讲太炎之学,流风所播,感应斯宏。自申叔贬节,媚于袁氏,而有《中国学报》之刊,国师之讥,学术大受打击。所幸太炎受袁氏之拘禁,始终不屈,而士子信仰其学者,至今不绝。《国故》与《华国》及东南大学之《国学丛刊》,皆《国粹学报》之一脉,而为太炎学说所左右者也。②

在"整理国故"运动之前,章太炎学术影响之大,确实无人可比。光是章门弟子执教于北京著名高校者,便有黄侃、钱玄同、朱希祖、沈兼士、马裕藻、吴承仕、周树人、周作人等

---

① 陈平原:《中国现代学术之建立——以章太炎、胡适之为中心》,北京:北京大学出版社,1998年版。
② 胡朴安:《民国十二年国学之趋势》,桑兵等编:《国学的历史》,北京:国家图书馆出版社,2010年,第303页。

等。而在新派学人中,公开承认或明显受到章太炎影响的,更包括了胡适、顾颉刚、毛子水、傅斯年等人。

章、胡之间有某些方面的继承关系,最极端的说法来自毕业于北大的毛以亨,其言云:"胡先生乃唯一能发扬太炎先生之学的人。"又说:"太炎先生诋胡先生不懂小学。我曾对他说,你的学问,当以胡先生为唯一传人,你的话只为他能完全懂得而加以消化,并予以通俗化。"[1]毛以亨之说,恐怕章、胡都无法接受。章、胡学问之间,确实有表面上的关系,例如关于墨子的研究,"原儒"的论文等等,但是,章氏以"史"的眼光看待传统文化,而胡氏以"史料"的态度看待中国典籍,其间差距,在逻辑上,仿佛咫尺之间,跬步可至,而在理论上,实则判若云泥,相去天渊。1935年钱基博在苏州章氏国学讲习会演讲有云:

> 章氏之学,欲推而大之,至于无垠;而为章氏之学者,乃(袮)而小之以囿于休宁、高邮!章氏之学,内圣而外王,务正学以言;而为章氏之学者,则曲学阿世,烦辞称说,不出训诂文字之末![2]

---

[1] 毛以亨:《初到北大的胡适》,转引自王汎森:《章太炎的思想》,上海:上海人民出版社,2012年,第2页。
[2] 钱基博:《太炎讲学记》,陈平原、杜玲玲编:《追忆章太炎》,北京:三联书店,2009年,第381页。

钱基博所说的"为章氏之学者",主要的指向就是像钱玄同、胡适之这样的人。及至1935年12月1日,钱基博又给无锡国专的学生讲了一场《今日国学之趋向与章太炎》,讲稿今不存,但《国专月刊》录其大意云:

> 今日国学,可分为清末考据余流一派,及浙东史学余绪一派。然多不能实事求是,辨今古文而能不读十三经,言史法史例而能不读廿四史,而其以章太炎先生为榜首者,其弊尤多在此,与章太炎先生以学术施之于实事者迥异。①

钱基博非常准确地看到,民国那些新学领袖,表面上尊崇章太炎,而其学术与章太炎之学完全不同。在民国学术中,被抬上"国学大师"宝座的章太炎,与民国的主流学术是格格不入的。在晚年的一系列演讲中,他的《适宜今日之理学》(1933年),驳当时流行的宋学哲学化的倾向,《论读经有利而无弊》(1935年)驳当时反对读经之论,《论经史实录不应无故怀疑》(1935年)痛斥当时以古史辨派为主的疑古思潮,《再释读经之异议》(1935年5月)再次申明读经之旨,并特别批评当时胡适、傅斯年之议论,其言辞之激烈,以至于章

---

① 《国专月刊》第二卷第四期,见刘桂秋编:《无锡国专编年事辑》,北京:中国大百科全书出版社,2009年,第210页。

门弟子、演讲记录者诸祖耿特地写下一个按语:"至第二段末有词锋过峻处,已请于先生,改从婉讽矣,读者当以意求之。"①章氏所针对者,都是现代学术转型之后的主流学问与主流人物。

同时,章太炎对民国史学有非常严厉的批评。民国时期主流的"史学",与章太炎的史学,大相径庭。从章氏晚年对民国史学的议论,略可见其端。民国之史学发达,在今天看来有如神话,但是,章太炎对当时史学研究之批评极多,1924年章氏发表《救学弊论》,云:"今之文科,未尝无历史,以他务分之,以耳学圄之",又列史学之五弊。② 1933年演讲《读史与文化复兴之关系》,又云:"历史一科,黉舍中视为无足重轻,所讲者不过一鳞半爪","乙部之书,大都束之高阁。"③其具体评议,不能一一列举。但由此可以看出,章太炎之"史学",与民国时贤的"历史",并不是一回事。

而当时新派学人,对章太炎的"落伍",也不乏口诛笔伐。胡适在1922年8月28日日记中说:"现今中国学术界真凋敝零落极了。……内中章炳麟是在学术上已半僵了"。④傅斯年在《历史语言研究所工作之旨趣》中更直称

---

① 章太炎:《再释读经之异议》,《章太炎演讲集》,第424页。
② 章太炎:《救学弊论》,《太炎文录续编》,《章太炎全集》(五),第102页。
③ 章太炎:《读史与文化复兴之关系》,《章太炎演讲集》,第384页。
④ 胡适:《胡适全集·日记》(29),第729页。

"章炳麟君一流人尸学问上的大权威"。① 章门弟子中激进者,对乃师也不甚客气,例如钱玄同在1938年写给郑裕孚的信中说:"近二十年来,国学方面之研究,有突飞之进步,章刘诸公在距今二十年至前三十年间,实有重大发明,理宜表彰,但亦不可太过。三十年前之老辈,惟梁任公在近二十年中仍有进步,最可佩服,其他则均已落伍矣。"②朱希祖则在1939年4月14日的日记中写到:"余以史学治经学,以论理学方法解决一切疑难,最鄙视今古文家门户之见。……章师不信甲骨刻辞,钟鼎款识,而信孔壁古文经;玄同不信孔壁古文经,而信甲骨刻辞,钟鼎款识。同是埋藏古物,何以信甲而不信乙,信乙而不信甲? 是皆不合于论理方法者也。"③

说到底,章太炎学术与民国新学最大的不同,就在于章太炎学术背景主要是"中西之别",因此,他对传统的态度从古文经学出发,走向"以史为本",用史学塑造一个新的民族国家,而包括章门弟子在内的民国新学,则在章氏的基础上将中西之别转化为古今之争。民国之后,"国学"的使命,从塑造一个民族国家,转向建设一个民族国家。学界的风气,则日趋激烈,最集中的表现,是新文化运动以及随之而来的"整理国故"、古史辨运动,新文化运动是从破坏的意义上

---

① 傅斯年:《历史语言研究所工作之旨趣》,《傅斯年全集》第三卷,长沙:湖南教育出版社,2003年,第5页。
② 钱玄同:《致郑裕孚》,《钱玄同文集》第6卷,第300页。
③ 朱希祖:《朱希祖日记》,北京:中华书局,2012年,第1306页。

"打倒孔家店",而整理国故则是从所谓"建设"的意义上重新理解中国传统文化,从而导向中国学术的现代转型与现代学科的兴起。章太炎从章学诚的"六经皆史"出发,通过张大史学以干预新政治;而民国以胡适之为中心的新派学术,是在章太炎"以史为本"的基础上,更进一步将活着的"史"一概视为死去的"史料"。与章太炎不同的是,胡适等新派学人严判中西之别,同时严作古今之争。严判中西之别,是将中国文明与西方文明截然二分;而严判古今,则是将"现代中国"与"古代中国"截然二分,现代中国不是一个植根于古代中国的发展过程,而是挣脱古代,汇入西方的过程。这样一来,便将中西问题,转化为古今问题,于是"中国"成为"古代",中国学术,成为古代学术。而为了追求学术的现代化,便必须以西方学术的标准来整理中国古代学术,于是一切中国典籍,四部之学再也无所谓经史子集,都成为西方学术标准中平等的"史料"。正如张永义老师所说的:"对章太炎和胡适最好分开对待。无论是为了考量历史,还是反省现实。"[1]

章太炎是中国学术现代转型的先导者,却不是主宰者,他所指向的学术,是另一个方向,是晚年讲学的方向。章太炎虽然弟子众多,但是他的史学,却没有被继承和发扬,就连

---

[1] 张永义:《经、子之别与"国故"问题——章太炎、胡适关于治学方法的论争》,陈少明编:《现代性与传统学术》,第96页。

章门大弟子朱希祖终身治史,在章太炎去世三日后的日记中也写到:"然余治史学,实未相传师业。"①反倒是未曾师从章氏的钱穆的史学,还能看得出章太炎的影响。随着新文化运动的到来,中国学术的中心最终转向胡适之。

---

① 朱希祖:《朱希祖日记》,第668页。

第三章　胡适之：从"以经为纲"到"以史为本"的完成

自辛亥兵变,清帝逊位,帝制改为共和,政治之革命行矣。而新文化运动接踵而来,反传统思潮出现,思想之革命兴矣。政治与思想的双重革命,使人们普遍感受到了"古"、"今"之别,过去的中国已经成为历史,中国学术必须重新开始一个新时代。这种认识,导致了中国学术的全面转型。

可以说,在中国学术从"以经为纲"到"以史为本"的转型过程中,章太炎以其雄厚的经学基础与广泛的影响力,肇其端始,而胡适之则以其对西方学术的了解与"再造文明"的口号,全面改造章氏旧说而总揽其成。胡适之通过对"国学"的重新解释,对"历史的眼光"的重新理解,将四部之学彻底从"史"变成"史料",并引入西方学科部勒之,遂致经学作为材料入于现代分科之学之中,经学因之全面瓦解。胡适的中国学术观,标志性文献是北大国学门成立之后,他为《国学季刊》所写的发刊宣言,这一宣言充分地阐述了胡适为代表的一代新派学人的"国学"观,而且,这种国学观最终促成中国学术彻底转向以史为本,乃至以史料为本。

而在胡适之前,毛子水的"国故学"观点,开胡适之说的先声。

一、毛子水与"国故"论的转折

1919年5月,北大学生创办的《新潮》杂志发表了毛子水的《国故和科学的精神》,毛子水提出了对"国故"的新看法。

《国故和科学的精神》的第一部分是"什么是国故呢?"毛子水从章太炎的《国故论衡》开始,他说:

> 《国故论衡》这部书,可以说得就是中国古代的——或固有的——学术思想的论衡。我们倘若根据章太炎先生的意思,我们就可以说"国故就是中国古代的学术思想"。但是照我的意思,中国民族过去的历史,章先生的书里虽然没有论到,亦正当的可以叫得国故。因此我们得着国故的定义如下:
>
> 国故就是中国古代的学术思想和中国民族过去的

历史。①

毛子水看到《国故论衡》三卷,分语言文字、文学、学术思想,而没有"历史",因而认为要加上"中国民族过去的历史",才能完整地组合成为"国故"。毛子水对章太炎"国故"的阐发,并非无意识的理解,而是有目的的发挥。他强调国故是"古代的"、"历史的",表面上与章太炎没有矛盾,但是实质上与章氏迥然有别。这种区别根本上源于对"历史"的理解。

毛子水接着讲"国故在今日世界学术上的位置",他认为"许多我们中国的念书人",对国故最大的误解有:

> 国故和"欧化"(欧洲现在的学术思想)为对等的名称,这二种就是世界上学术界里争霸争王的两个东西。②

---

① 毛子水:《国故和科学的精神》,桑兵等编:《国学的历史》,北京:国家图书馆出版社,2010年,第142页。毛子水在写这篇文章的时候,正是章太炎的信徒,顾颉刚在《古史辨》第一册自序中说到毛子水:"他是一个严正的学者,处处依了秩序而读书;又服膺太炎先生的学说,受了他的指导而读书。"顾颉刚在民国二年到北京的化石桥共和党本部参加章太炎的讲习会,也是因为毛子水的邀请。见顾颉刚:《古史辨第一册自序》,《顾颉刚古史论文集》卷一,北京:中华书局,2011年,第20页。

② 毛子水:《国故和科学的精神》,桑兵等编:《国学的历史》,第143页。

毛子水所言的"误解",事实上正是"中西之辨",即承认文化多元,从而将中国学术与西方学术置于平等的位置,在对比中检讨中国学术的优劣所在。自晚清章太炎、邓实、刘师培、黄节诸君倡导"国粹"、"国学"以来,对"国粹"、"国学"的理解,都是在"中西之别"的框架中展开,以"中学"和"西学"相对,通过复兴古学,参以西学,从而重建中华之文化命脉。而这样的思路,在毛子水的"国故"观里,恰恰是"误解",毛子水提出:

> 国故是过去的已死的东西,欧化是正在生长的东西,国故是杂乱无章的零碎知识,欧化是有系统的学术。这两个东西,万万没有对等的道理。①

这表面上是一种学术态度,而实质上是一种历史观。这种历史观将整个中国文化都视为"已死的东西","古"不再是"今"的来源,而是"今"要发展必须抛弃的重荷。后来毛子水在《驳〈新潮〉"国故与科学的精神"订误》中继续说:"我们中国古代的学术思想,对于我们的生活一天比一天不适用;对于我们研究学术的参考亦一天比一天没有价值。有这些缘故,所以中国古代的学术思想,是已死的东西。"②毛

---

① 毛子水:《国故和科学的精神》,桑兵等编:《国学的历史》,第143页。
② 毛子水:《驳〈新潮〉"国故与科学的精神"篇订误》,桑兵等编:《国学的历史》,第159页。

子水的这种认识,与新文化运动的启蒙思想非常吻合。时代思潮反映在学术研究中,研究者发现过去的一切,在时代的激变中与现实日益脱离关系,于是越是不满现实的一切,越是憎恶历史的羁绊。

"历史"既然不可取法,那么"现在"到底是什么?毛子水针对"国故",创造了一个词,叫"国新",他认为,有国故,就有国新,而这个国新,有了一个新的标准,那就是"欧化"。他说:

> 学术思想,并不是欧洲人专有的,所以"国新"不妨和欧化雷同。①

这极其明晰地显示出毛子水对"国故"的理解与章太炎的差异,这种差异,即是章太炎与受"五四"新文化运动影响的青年对"现代中国"与"现代学术"理解的不同。对章太炎而言,只有"中国"本身,没有"现代"与"古代"的明确区分,因此,在学术上,中国现代学术也是古代学术的延续,他可以将"经"理解为"史",但是晚年讲"国学略说",仍然专门讲"经学略说",与"史学略说"并置。而在毛子水这里,"国故"是整个历史,"国新"则是与历史决裂的"现在"。在"古今"

---

① 毛子水:《国故和科学的精神》,桑兵等编:《国学的历史》,第143页。

与"中西"的双重格局中,章太炎的"国故"强化中西之别而淡化古今之争,所以,这种"国故",是现在的源头与基础,也是未来的根基与动力。但是,毛子水接过章太炎的"国故",却进一步强调"古今"的差别,"古"只是一种客观存在,而且是"已死的东西",而欧化,则是"正在生长的东西",这样一来,便将"中西"关系揉进了"古今"关系之中,"现在"的中国,只不过是"过去"的西方,西方成了未来的方向,衡量过去的标准,这种角度,已经表达出了新派学者对整个现代学术建构的一个基本预设:"中国",成为"历史"。

"中国成为历史"的预设,有现实影响,也有学术影响。就其现实影响而言,即认为中西问题其实是古今问题,当时的中国与西方,不是两个起源、发展不同的文明体,而是处在文明发展的不同阶段,中国是过去的西方,西方是未来的中国。对于晚清民初充满救亡危机的焦虑,缺乏深厚的中学基础却又曾经留学西洋亲见西方现代文明的那一代知识分子来说,这种感受是非常自然的。而且,这样的文化心理对推动当时以西方为榜样解决一些社会问题,也不无积极意义。但是问题在于,当"中国成为历史"转化为学术研究的基本预设,带来的直接后果,就是用"历史"的眼光看待整个中国学术,从而将一个绵延不绝数千年的文明体的核心价值消灭掉,从而把所有构成这个文明的符号载体,一概视为必须重新整理的"史料"。毛子水是第一个明确将章太炎的"国故"说阐述成为"史料"说的人。他认为:

我们现在且把国故的性质和功能直接说出来。

1. 国故的一部分是中国一段学术思想史的材料。
2. 国故的大部分是中国民族过去的历史的材料。①

他并加了一个注解说:"国故的大部分,实在就是中国民族过去的历史。但是从前人所作的从前人的历史,我们现在不能用它;因为现在人的历史的眼光,十分之八九不应当和前人的相同,所以我们现在的历史,大部分都应当从我们自己的历史的眼光新做出来,方能合用。因此,我们把国故的这一大部分,不看作中国民族过去的历史,看作中国民族过去历史的材料。"②引申其意即是说,"国故"和"国故学"不同,中国民族过去的一切都是"国故",是材料,而现在用"我们自己的历史的眼光"看待这些材料,才是"国故学"。这样一来,章太炎对"国故"的理解,到了毛子水这里,因为有了一个"古今"的维度而对"历史"的理解发生了变化,导致将"国故"完全理解成了史料,毛子水直接说:"我们简直可以用'中国过去历史的材料'代替国故这个名词。"③如果说"国故"之学是以史为本,史还可能是活的,一旦将"国故"都看

---

① 毛子水:《国故和科学的精神》,桑兵等编:《国学的历史》,第144页。
② 同上,第150页。
③ 同上,第145页。

成史料,那么史料毫无疑问便是死的。因此,毛子水发明了另一个说法,研究国故是"解剖尸体",他说:

> 我想研究国故,好像解剖尸体,科学的精神就是解剖尸体最适用的器具。①

所谓"科学的精神",是接下来胡适主导的"整理国故"运动祭出的一面最鲜明的旗帜。在毛子水的文章后面,当时同为北大学生的傅斯年加了一个"附识",说他想做一篇《国故论》,大旨包括:"国故是材料,不是主义。"②这一宗旨与毛子水之意相同,即认为"国故"其实是史料,而不是学问,只有用另外的学问("主义")来看待这些史料,才能够成为科学的"国故学"。那么另外的"主义"是什么?从后来的学术发展看,就是西方的学术分科。可以说,早在 1919 年,在胡适等人影响下的毛子水、傅斯年这帮年轻学生的心目中,从章太炎那里转手过来的"国故",便已经不是章太炎、邓实、刘师培们的"国粹",而是一堆杂乱零碎的材料,等待着西方传来的"科学精神"对之进行整理。而且在这里,"国故学"也已经不是一个独立的学科门类,而是表示整理中国传统典

---

① 毛子水:《驳〈新潮〉"国故与科学的精神"篇订误》,桑兵等编:《国学的历史》,第 164 页。

② 傅斯年:《毛子水〈国故和科学的精神〉识语》,《傅斯年全集》第一卷,第 262 页。

籍的意思,整理的结果,是将之放到各门学科之中。毛子水以一个26岁的青年,非常精准地把握了当时新派学人的"中国文化观",即中国成为历史,中国典籍成为史料。而将这种国学观进行全面阐述,并产生重大影响的,是胡适之。

二、胡适之的"国学":作为"历史"的中国

胡适之所言的"国学",正来源于章太炎,他也屡言这种传承关系。1921年他在东南大学讲《研究国故的方法》时说:"'国故'的名词,比'国粹'好得多。自从章太炎著了一本《国故论衡》之后,这'国故'的名词于是成立。如果讲是'国粹',就有人讲是'国渣','国故'(National Past)这个名词是中立的。"[①]而在接下来的1923年,胡适为北大国学门的刊物《国学季刊》写了发刊宣言,这一宣言,既是"整理国故"运动的总纲领,也是中国学术现代转型的关键文献。在此文中,胡适为"国学"下了一个定义,这一定义在接下来的历史中被广泛接受。胡适说:

"国学"在我们的心眼里,只是"国故学"的缩写。中国的一切过去的文化历史,都是我们的"国故"。研

[①] 胡适:《研究国故的方法》,欧阳哲生编:《胡适文集》(12),北京:北京大学出版社,1998年,第91页。

究这一切过去的文化历史的学问,就是"国故学",省称为"国学"。①

胡适对"国学"下这样的定义,并非完全出于他的个人之见,而是代表北大国学门同仁的共同看法。他在1922年11月的日记中写到:"作《〈国学季刊〉序言》,约一万多字,颇费周折;这是代表全体的,不由我自由说话,故笔下颇费商量。"②"代表全体",指向的主要便是北大文科中势力极大的太炎弟子。③ 胡适对"国学"的定义,毫无疑问是兼顾了北大章门的感情取向。但这仅仅是感情取向而非学术取向,这份《宣言》可以代表胡适及章门弟子的基本共识,因为当时在北大的章门重要弟子,是朱希祖和钱玄同,而二人之学,与其说近于其师,不如说更近于胡适。④

在胡适对"国学"的定义中,典型的说法是"中国的一切过去的文化历史",这种定义,与此前毛子水之说大抵相同,是对中国传统学术的概括性认识。胡适的定义在表面上是

---

① 胡适:《〈国学季刊〉发刊宣言》,《胡适全集》(2),合肥:安徽教育出版社2003年版,第7页。

② 《胡适全集》(29),第833页。

③ 详见陈以爱的《中国现代学术研究机构的兴起——以北大研究所国学门为中心的探讨》(南昌:江西教育出版社,2002年)中的相关论述。

④ 朱希祖1935年1月30日日记记载,当日黄侃跟他说,章太炎对人说:"余有五弟子,黄侃可比太平天国天王,汪东为东王,钱玄同为南王,朱希祖为西王,吴承仕为北王。"朱希祖认为:"盖以余与玄同倾向新文学,乃以早死之南王、西王相比也。"《朱希祖日记》,第461页。

对章太炎"国学"观的继承,而实际上,其内在含义已经完全不同,而其差别主要是对古今、中西判断的差别,这种差别的背后,还有民族国家构建的不同阶段的因素。

对章太炎而言,一个新的民族国家"中国",是在二千余年文明史的基础上构建起来的新国家,正因为"国之有史久远","史"本身决定了"国"的性质,古老而绵延的文明塑造的"历史民族",在现代的世界格局中可以表现为作为民族国家的"中国"。在民国建立之前,章太炎身处王朝时代向民族国家时代的转折点,他的"历史"理论,旨在为民族国家的铸造提供动力,也就是说,提供"国性"。正如他在《重刊〈古韵标准〉序》中所说:"国于天地,必有与立,非独政教饬治而已,所以卫国性,类种族者,惟历史语言为亟。"[1]而在民国建立之后,民族国家的格局已经大体确定,章太炎的历史观,使他对民国政制,缺乏整体性的看法,但也因为他将中国视为"历史",故能在历史经验的基础上议政论学,能选择性地弘扬某些经典以面对现实,例如他晚年讲《孝经》、《大学》、《儒行》、《丧服》四篇以挽救人心。

而在胡适主导学界的时代,"中国"已经从帝制走向共和,从王朝时代走向民族国家时代。传统帝制绵延二千余年,皆尊经崇圣,经学藉帝制以行于天下。辛亥革命与随之

---

[1] 章太炎:《重刊〈古韵标准〉序》,《章太炎全集》(四),第230页。

而来的共和政治,使中国历史在1911年这个特殊的年份,发生了根本性的断裂,自此之后,政治制度、社会结构、生活方式都开始发生翻天覆地的变化。在后革命时代,中国这一"历史民族"开始进入现代民族国家阶段,由此,革命之前的历史,便转化成"国家历史",这一过程,自然会产生明确的古今之分。尤其是在"中西之别"的背景下,新的"中国"到底是"古"的自然延续,还是处于走向"西"的不成熟状态,便成为不同学派学者的不同选择,在这种选择中,便可区分出学界基本立场的差异。对章太炎等"国粹派"而言,今天的中国,是古代中国的自然延续,历史活在现实之中。而对胡适为代表的一大批启蒙知识分子而言,他们把中西之别视为古今之争,新的"中国"只不过是不成熟的西方,因此,此前的中国,都成为"历史",成为"古代",而且是必须极力挣脱的历史,必须用西方的眼光加以批判的古代。胡适把"国故"定义为"中国的一切过去的文化历史",但其实已然的中国便是"一切过去的文化历史"本身,以后的中国正待摆脱这"一切过去的文化历史"而进行"充分世界化"。在这种古今、中西的格局中,胡适经常使用"古"一字,例如他1917年写成的《历史的文学观念论》中说:"一时代有一时代之文学……古人已造古人之文学,今人当造今人之文学。……今日之文学,当以白话文学为正宗。"[1]这种古、今的明确区分,便是将整个中国历史都

---

[1] 胡适:《历史的文学观念论》,《胡适全集》(1),第30、31页。

视为"古",而"今"正是对"古"的革命。如果说康有为、章太炎这一代人思考的是政治问题,他们的制度论述只是他们所思考的政治问题的具体化。那么,自胡适开始的知识分子,都只思考制度问题,而不再思考政治问题了。

简言之,民族国家经由辛亥革命而正式开始形成,使胡适可以将民族国家之前的帝制时代一概视为"古代",而对西方文明的追求,导致将西方文明视为"现代"的标准,古代成为现代的敌人。经过将中西之别改造为古今之别,所谓"中国",成为了"历史",而且是必须摆脱的历史。

三、"历史的眼光"与国学研究

当中国成为古代,看待中国学术,唯一"科学"的态度,就是"历史的眼光"。在《〈国学季刊〉发刊宣言》中,胡适提出:

> 我们现在要扩充国学的领域,包括上下三四千年的过去文化,打破一切的门户成见;拿历史的眼光来整统一切,认清了"国故学"的使命是整理中国一切文化历史,便可以把一切狭陋的门户之见都扫空了。①

---

① 胡适:《〈国学季刊〉发刊宣言》,《胡适全集》(2),第7页。

"拿历史的眼光来看待统整一切",并非要在某种历史哲学的指导下整理中国文明史,而是表达一种对待中国传统的态度,这种态度,概括地说就是中国学术的历史化,历史与当下相对应,历史的眼光意味着把整个中国历史固化为标本、陈迹,而后以客观、科学的态度,外在化地对之进行解剖式的整理。以历史的眼光看待一切,则中国典籍,都成为平等的史料。在古今对立的思维中,古一旦终结,今从而开始,历史由此断裂,而"历史"便变成和现实无关的东西。毛子水在1919年10月反驳张煊的《驳〈新潮〉"国故和科学的精神"篇》中便说过:"我说中国古代学术是已死的东西,一来因为它生长终止,二来因为它日就腐败。"[1]因为古今对立,古代随着现代的开端而终结,古代学术也随之死亡。死亡了的古代学术,便只剩下"史料"的价值。胡适在1921年7月的演讲《研究国故的方法》明确提出,研究国故的方法第一点就是"历史的观念":

> 现在一般青年,所以对于国故没有研究兴趣的缘故,就是没有历史的观念。我们看旧书,可当它作历史看,清乾隆时,有个叫章学诚的,著了一本《文史通义》,上边说:"六经皆史也",我现在进一步来说:"一切旧

---

[1] 毛子水:《驳〈新潮〉"国故与科学的精神"篇订误》,桑兵等编:《国学的历史》,第159页。

书——古书——那是史也"。本了历史的观念,就不由然而然地生出兴趣了。如道家炼丹修命,确是很荒谬的,不值识者一笑。但本了历史的观念,看看它究竟荒谬到了什么田地,亦是很有趣的。把旧书当作历史看,知它好到什么地步,或是坏到什么地步,这是研究国故方法的起点,是"开宗明义"第一章。①

从"历史的眼光"到"一切古书都是史(史料)",这是胡适的国学研究的基本逻辑。而他一再从章学诚的"六经皆史"论引申他的一切古书皆史料论。在1928年为商务印书馆主办的图书馆学暑期讲习班所做的演讲《中国书的收集法》中,胡适更进一步发挥其史料说:

> 从前绍兴人章学诚(实斋)〔他〕说:"六经皆史也。"……我们可以说:"一切书籍,都是历史的材料。"中国书向来分为经、史、子、集四类,经不过是总集而已,章学诚已认它是史。史当然是历史。所谓集,是个人思想的集体〔合?〕,究其实,也渊源于史,所以是一种史料。子和集,性质相同。譬如《庄子》、《墨子》,就是庄子、墨子的文集,亦是史料。②

---

① 胡适:《研究国故的方法》,欧阳哲生编:《胡适文集》(12),第91、92页。
② 胡适:《中国书的收集法》,《胡适全集》(13),第100页。

在为章学诚写的年谱中,胡氏又云:

> 先生作《文史通义》之第一篇——《易教》——之第一句即云:"六经皆史也。"此语百余年来,虽偶有人崇奉,而实无人深懂其所涵之意义。……其实先生的本意只是说"一切著作,都是史料"。先生的主张以为六经皆先王的政典;因为是政典,故皆有史料的价值。……先生所说"六经皆史也",其实只是说经部中有许多史料。①

后来,顾颉刚的《中国古代史研究序论》也申发胡适之说云:

> 从前学者认为经书是天经地义,不可更改,到了章氏,六经变成了史料,再无什么神秘可言了。②

以胡、顾声名之著,竟作此不通之论,实在令人诧异。章学诚"六经皆史"之说,本意是六经皆为圣王时代史官所作,用此先王政典,可以考正今之政事,与胡、顾无关于现实之"史料"说,意正相反。要知道,在胡适不断引用章学诚学说

---

① 胡适:《章实斋先生年谱》,《胡适全集》(19),第145页。
② 顾颉刚讲,李得贤记录:《中国古代史研究序论》,《文史》2000年第4辑,第13页。

之前,如章太炎、张尔田、刘咸炘、孙德谦一大批当时或极有影响,或隐没未彰的学者,都受到过章学诚"六经皆史"说的深刻影响,而胡氏竟言"无人深懂其所涵之意义"。梁启超1923年在东南大学讲《治国学的两条大路》说:

> 章实斋说"六经皆史",这句话我原不敢赞成,但从历史家的立脚点看,说"六经皆史料",那便通了。既如此说,则何止六经皆史,也可以说诸子皆史,诗文集皆史,小说皆史。因为里头一字一句都藏有极可宝贵的史料,和史部书同一价值。①

梁启超加上"从历史家的立脚点看",也就是说从现在的立场,以历史的眼光看,作为先王政典的六经,可以成为研究先王时代的史料。梁启超以古书皆史料,态度固然与胡适等人相同,但是他提出的"两条大路",除了将中国典籍史料化进行研究的"文献的学问",还有"用内省的和躬行的方法去研究"的"德性的学问",②与胡适正相反。胡适、顾颉刚这一类的论调,钱穆在《中国近三百年学术史》中写到章学诚一节,忍不住批评道:

---

① 梁启超:《治国学的两条大路》,《饮冰室合集》(5),北京:中华书局,2008年,第111页。
② 梁启超:《治国学的两条大路》,《饮冰室合集》(5),第110页。

> 章氏"六经皆史"之说,本主通今致用,施之于政事。……近人误会"六经皆史"之旨,遂谓"流水账簿尽是史料"。呜呼!此岂章氏之旨哉![1]

章学诚"六经皆史"之说,本意是六经皆先王政典,章太炎发挥此说,将六经转化为中国历史的源头,从而重建中国的历史叙事。而胡氏更进一步,将整个中国历史视为古代,则六经都是上古的史料而已。连经都变成史料,那么子、史、集之书,也自然成为史料。中国传统学术本一有本有末,有源有流,有根基有枝叶的生命体,到了章太炎,传统的"以经为纲"转化成"以史为本",而到了胡适之,更进一步将"史"视为"史料"。章太炎的"以史为本",史是一个活泼的生命体,而史一旦变成史料,则成为一堆杂乱无章的"材料"。胡适之所以要"整理国故",就是要整理这堆材料。用"材料"的眼光看待传统,就像走进一座古庙宇,只看到可以重新利用的砖头和木块,拿起一本宋版书,只看到可以重新回炉造纸的原浆。

发表于1919年《新青年》杂志的《新思潮的意义》一文中,胡适第一次提出"整理国故"的口号,并认为:

---

[1] 钱穆:《中国近三百年学术史》,北京:商务印书馆出版,1997年,第433页。

第三章 胡适之:从"以经为纲"到"以史为本"的完成 91

> 我们对于旧有的学术思想,积极的只有一个主张,——就是"整理国故"。整理就是从乱七八糟里面寻出一个条理脉络来;从无头无脑里面寻出一个前因后果来;从胡说谬解里面寻出一个真意义来;从武断迷信里面寻出一个真价值来。①

对胡适而言,推翻了传统学术的内在价值,传统四部典籍便成为一堆"乱七八糟"、"无头无脑"、"胡说谬解"、"武断迷信"的史料。而新思潮中的整理国故,就是要以新的评估标准,对这些史料进行重新整合,重新认识。

那么,如何看待这些史料呢?

新文化运动时期的"国故",本为新思潮的对立面。而胡适在《新思潮的意义》中提出了"整理国故",这也意味着将"整理国故"纳入新思潮的范围之中,胡适的"新思潮",其实就是张扬个人理性的启蒙主义,他说:

> 新思潮的根本意义只是一种新态度。这种新态度可叫做"评判的态度"。②

"评判的态度"的具体内容,胡适说:"尼采说现今时代

---

① 胡适:《新思潮的意义》,《胡适全集》(1),第698页。
② 同上,第692页。

是一个'重新估定一切价值'(Transvaluation of all Values)的时代。'重新估定一切价值'八个字便是评判的态度的最好解释。"①要重新估定传统的价值,就必须以"现代"——其实就是以西方为标准,重新看待国故。因此,胡适说,在新思潮中,"我们对于旧有的学术思想有三种态度。第一,反对盲从,第二,反对调和;第三,主张整理国故。"②其中,第一、二是消极的,而第三,整理国故是积极的,这种"积极"的行动,不是回到传统,而是飞渡西方,其实就是输入西方的新学理,以之为标准并用评判的态度重新估定传统的价值。在胡适看来,传统的价值体系已经一无是处,要更新这一价值体系,便需要重新回到其中,对其内部问题作全新的价值重估。

在这种价值重估的过程中,研究国故,就是一种历史研究,而且是标榜客观、科学的历史研究。胡适晚年向唐德刚自述生平,讲到这一段"整理国故"的历史时说:

> 国故这一词那时也引起了许多批评和反对。但是我们并没有发明这个词。最先使用这一名词的却是那位有名望的国学大师章炳麟。他写了一本名著叫《国故论衡》,"故"字的意思可释为"死亡"或"过去"。③

---

① 胡适:《新思潮的意义》,《胡适全集》(1),第692页。
② 同上,第698页。
③ 胡适:《胡适口述自传》,《胡适全集》(18),第339页。

胡适把"故"解释成"死亡",正是他的历史观在国故问题上的反映。当整体的中国成为历史,国学作为整体史料化,对中国学术的研究,便成为对一个已死的文明进行解剖。这种态度,是"整理国故"运动的基本立场,也是后来古史辨的立场。而这种态度在当时极为流行。章门弟子钱玄同在1923年写的《汉字革命与国故》中便说:"他们所说的'中国文化',既是寄于汉字的书籍之中的,则当然是指过去的已经僵死腐烂的中国旧文化而言,不是现在的正在发荣滋长的中国新文化。过去的已经僵死腐烂的中国旧文化,可以称它为'国故'。"[①]概而言之,国故已经死亡,"因为国故是过去的已经僵死的中国旧文化,所以它与现在中国人的生活实在没有什么关系。"[②]因此,研究国故,不是把它视为一个生命体,而应该像解剖尸体一样。毛子水在回应张煊对他的批评时已经说过"我想研究国故,好像解剖尸体,科学的精神就是解剖尸体最适用的器具。"[③]钱玄同在1925年则更露骨地说:"研究中国的学术等于解剖尸体。就解剖而言,目的在求知该尸体的生理和病理,所以无论脑袋和生殖器,食道和粪门,白喉和梅毒,好肉和烂疮,都是研究的好资料,应该一律重视。若就尸体而言,它本是一个腐烂了的废物,万万没有把它放在

---

① 钱玄同:《汉字革命与国故》,《钱玄同文集》(3),第137页。
② 同上,第138页。
③ 毛子水:《驳〈新潮〉"国故与科学的精神"篇订误》,桑兵等编:《国学的历史》,第164页。

活人堆里,与他酬酢的道理。所以研究中国学术和'发扬民族魂'是相反的;我赞同'整理国故'而反对'宣扬国光'。"①"国故"一词确实来自章太炎,而胡适、毛子水乃至钱玄同的"国故"论,都彻底走向章太炎的对立面。

可以说,胡适所发起的"整理国故"运动,就是在推翻传统学术之后,以现代西方学术分科重新整理中国学术之前,面对中国四部典籍这些杂乱无章的"材料"而进行的一场史料评判运动。如果我们把中国典籍构成的文明系统比喻成一座古色古香的庙宇,庙宇中的塑像、砖瓦、梁柱,各有其位置与价值。当被启蒙的青年发现这庙宇是迷信的象征,于是着手摧毁了这座庙宇,而打算建起一座小洋楼。而在摧毁之后与重建之前,需要从建设小洋楼的需要出发,对旧材料进行一番甄别、整理工作,将木材归为一类,将砖头归为一类,将瓦片归为一类,判断这些材料的优劣好坏,这一整理工作,就是胡适们所谓的"整理国故"的实质。而这一工作一旦完成,便可以将整理好的材料运用于新建筑,这新建筑,便是后来的现代学术分科体系。

四、"学"与"史"

如果排除五四时期反传统的学人在"整理国故"中的感

---

① 钱玄同:《敬答穆木天先生》,《钱玄同文集》(2),第188页。

情因素,但从学术方法而言,整理国故运动以及随之而来的现代学术分科,最根本的问题在于"学"与"史"的分离。"学"是学问,是主义,"史"是材料,是史料。本来,在中国传统内部,学与史是紧密结合的,构成传统学术;而当中国典籍都成为史料,便需要引入西方的"学"来整理这些史料,由此,学与史的分离,最终走上了以西方现代学科整理中国史料的现代学术主流传统。

胡适的《〈国学季刊〉发刊宣言》存在着一个致命的矛盾,就是把"国故学"省称为"国学"。"国故"是材料,而"学"是看待这些材料的"科学",材料是中国固有的,而标准的"科学"则被认为是西方文明的特产。正因为"整理国故"运动发生在已经将中国文化视为史料,而西方的分科之学还没有在中国完全形成的时候,所以,胡适的理论显得不中不西,进退失据,其中比较精准地指出胡适问题的有曹聚仁和吴文祺。吴文祺在1924年写的《重新估定国学之价值》,认为要"国故学"而不能省称为"国学",而且"国故学"之整理国故,正是为现代学术分科做准备。他说:

> 中国的浩如烟海的国故,好像是一团乱丝。我们如果要研究,先须加一番相当的整理。整理国故这门学问,就叫做国故学,国故是材料,国故学是一种科学。从来没有人替国故学下过定义,我且来替它下一个定义吧!

> 用分析综合比较种种方法,去整理中国的国故的学问,叫做国故学。①

这种国故学,事实上是史料分析,因而包括考订、文字、校勘、训诂四种学问,而以这四种学问整理国故的结果,是将之归入西方学科范围之中。吴文祺说:

> 应用国故学所整理出来的材料,只可谓之国故学的结果,决不可认为国故学的本身。我们假使所整理的是哲学,那末当然归入哲学的范围;文学,文学的范围;政治学,政治学的范围;经济学,经济学的范围。②

曹聚仁的观点和吴文祺有些接近,在1925年发表的《国故学之意义与价值》中,曹聚仁云:

> "国故"与"国故学",非同物而异名也,亦非可简称"国故学"为"国学"也。"国故"乃研究之对象,"国故学"则研究此对象之科学也。③

---

① 吴文祺:《重新估定国学之价值》,许啸天编:《国故学讨论集》第一集,上海:上海书店,1991年,第41页。
② 吴文祺:《重新估定国学之价值》,许啸天编:《国故学讨论集》第一集,第43页。
③ 曹聚仁:《国故学之意义与价值》,许啸天编:《国故学讨论集》第一集,第60页。

曹聚仁批评胡适将"国故学"省称为"国学",是"迁就俗称而为之曲解耳",他说:"使去'故'而留'国',则如呼'西瓜'为'西','太阳'为'太',闻者必茫然不知所云。故愚以为国故学,必当称为'国故学',决无可省之理。"①而对于整理国故的目标,曹聚仁同样认为,整理之后,分科即成,他说:

> 按之常理,国故一经整理,则分家之势即成。他日由整理国故而成之哲学,教育学,人生哲学,政治学,文学,经济学,史学,自然科学……必自成一系统而与所谓"国故"者完全脱离。②

上列三人观点,吴文祺、曹聚仁都非常准确地看到胡适的《〈国学季刊〉发刊宣言》存在的问题,同时也非常明确地指出"整理国故"之后的学术去向。而且,现代学术史的发展,确实像他们所说的那样,分科之局既成,"国学"便自然消失。本来,胡适心目中的"国学",有特别的使命,他说:"国学的使命是使大家懂得中国的过去的文化史,国学的方法是要用历史的眼光来整理一切过去文化的历史。国学目的是要做成中国文化史。"③因

---

① 曹聚仁:《春雷初动中之国故学》,许啸天编:《国故学讨论集》第一集,第91页。
② 曹聚仁:《国故学之意义与价值》,许啸天编:《国故学讨论集》第一集,第74页。
③ 胡适:《〈国学季刊〉发刊宣言》,《胡适全集》(2),第13页。

此,他所理想中的国学研究,包括的是民族史、语言文字史、经济史、政治史、国际交通史、思想学术史、宗教史、文艺史、风俗史、制度史。[①] 但是,做成这些"史",仍然不是最终结果,因为现代学人既将中国视为历史,历史的一切都变成平等的史料,必须用西方的科学来整理这些史料,那么,整理的学问,最科学的方法,无疑是现代西方已经发展成熟的文学、历史、哲学、政治学、社会学等等学科。胡适的"国学"或曰"国故学",不具独立的含义,而只是中国文教制度西化不彻底时代的过渡产物。正因如此,钱穆在其《国学概论》的"弁言"中说:"学术本无国界。'国学'一名,前既无承,将来亦恐不立。特为一时代的名词。"[②]而朱自清在四十年代所写的《部颁大学中国文学系科目表商榷》中也说:"民国以来,康、梁以后,时代变了,背景换了,经学已然不成其为学;经学的问题有些变成无意义,有些分别归入哲学、史学、文学。诸子学也分别划归这三者。集部大致归到史学、文学;从前有附庸和大国之分,现在一律平等,集部是升了格了。这中间有一个时期通行'国学'一词,平等地包括经史子集。这只是个过渡的名词,既不能表示历史的实际,也不能表示批评的态度,现在已经不大有人用了。"[③]

---

① 胡适:《〈国学季刊〉发刊宣言》,《胡适全集》(2),第13—14页。
② 钱穆:《国学概论》,北京:商务印书馆2001年版,第1页。
③ 朱自清:《朱自清全集》第二卷,南京:江苏教育出版社1988年版,第10页。

五、现代学科的共同背景：历史

在建立现代文教制度的过程中，胡适的"整理国故"运动的重要性，在于它从学术上表达了中国学术现代转型的那些根本预设，这些根本预设的内容就是，将中国整体的看成古代，彻底打破传统学术固有的格局，而将中国典籍乃至一切语言符号视为"史料"，并以现代，其实就是西方化的眼光对之进行客观的、分科式的整理。

正是因为从章太炎以来的"以史为本"被转化成"以史料为本"，中国现代学术，不论文、史、哲研究，才能借助西方现代学术分科，甚至是完全以西方现代学术分科为标准，来重新整顿中国传统，发展出中国现代学术。在中国学术的现代转型中，"学"与"史"是分开的，"史"更明确地说，是"史料"，是中国的；而"学"，更明确地说是"学问"，是西方的。以西方学问来研究中国史料，研究的结果便成为中国现代学术。而以西方现代学科为标准来整理中国古代史料，整理的结果便成为中国现代分科之学。正因为整理的对象既是"中国"的，又是"古代"的，所以中国现代学术，无论文、史、哲，都是在"史"的背景中展开。

在人文科学文、史、哲三科中，文、史为中国固有之学，而哲学为中国新创之学，以哲学史之创立，最能看出现代学术分科的特征。胡适的《中国哲学史大纲》，奠定了"中国哲学"的学科基础,但此书更像思想史,不像哲学史。冯友兰的《中国哲学史》(二卷本)成为"中国哲学"的学科典范。在此书中,冯先生开头便说:"哲学本一西洋名词。今欲讲中国哲学史,其主要工作之一,即就中国历史上各种学问中,将其可以西洋所谓哲学名之者,选出而叙述之。"①也即以西方"哲学"学科为标准,而在中国史料中选择符合这一标准的材料,对之进行哲学化的解释。盖哲学本非中土名词,而出日文转译,以一新学科而观中土旧材料,草创之际,势必如此。冯先生认为,中国之"义理之学"与西方哲学相对应,"吾人观上所述哲学之内容,可见西洋所谓哲学,与中国魏晋人所谓玄学,宋明人所谓道学,及清人所谓义理之学,其所研究之对象,颇可谓约略相当。"②这种对应,也甚有卓见,"义理"本为清人名词,与"考据"、"辞章"相对,义理之学却为追求智慧之学问,而与西方所谓哲学者类似。因此,可以说,先有比较哲学,后有中国哲学,正如少明师所言:"'中国哲学'的建立,就是比较研究的结果。"③但是,传统义理之学,如战国诸子、魏晋玄学、宋明理学,如果没有经过重新解释,便只是不同时代不同学派的义理记载而已,没有任何"系统"可言。因此,需要以西方"哲学"为标准,建立一个基本架构,使这

---

① 冯友兰:《中国哲学史》,《三松堂全集》第2卷,郑州:河南人民出版社,2001年,第245页。
② 同上,第248页。
③ 陈少明:《论比较哲学——从现代中国学术的经验看》,《等待刺猬》,上海:三联书店,2004年,第42页。

些不同时代的义理阐述,有一个共同的落脚点,这就必须"哲学地"探讨这些义理中的宇宙论、人生论、知识论,也即对这些义理进行"哲学化"的解释,从而组织到一个学科体系之中。正如唐文明所说的,中国哲学首先是诠释学,"诠释做为一种证明过程,才是中国哲学真正的诞生过程。通过诠释,使中国思想呈现为哲学,从而证明中国本来就有哲学,而且是一种具有自身特质的哲学。因此,如果把中国思想看作是一种非哲学式的文化思想传统,而从诠释学—修辞学的角度来看,那么,所谓中国哲学,就是中国思想的哲学化诠释。"[1]中国的义理学只有哲学化,才能统一于一个共同的"哲学"学科之中。

在这种思路中,中国哲学不能自足地存在,必须先研究西方哲学史,才能构建中国哲学史。早在1903年,王国维在《哲学辨惑》便提出"研究西洋哲学之必要",他说:"余非谓西洋哲学之必胜于中国,然吾国古书大率繁散而无纪,残缺而不完,虽有真理,不易寻绎,以视西洋哲学之系统灿然,步伐严整者,其形式上之孰优孰劣、固自不可掩也。"[2]而冯友兰1937年在《出版周刊》发表的《怎样研究中国哲学史》一文,首列的第一步骤就是"钻研西洋哲学",他说:"中国哲

---

[1] 唐文明:《中国思想的隐秘渴望》,《近忧:文化政治与中国的未来》,上海:华东师范大学出版社,2011年,第96页。
[2] 王国维:《哲学辨惑》,《王国维全集》第十四卷,杭州:浙江教育出版社,广州:广东教育出版社,2010年,第8、9页。

学,没有形而上的系统,若不研究西洋哲学,则我们整理中国哲学,便无所取法;中国过去没有成文的哲学史,若不研究西洋哲学史(写的西洋哲学史),则我们著述中国哲学史,便无所矜式。据此,可见西洋哲学史之形式上的系统,实是整理中国哲学之模范。"①无论王国维,还是冯友兰,都认为西方哲学对中国哲学构建最重要的意义,是西方哲学能够为中国传统义理之学提供一个"系统",这也是西方哲学学科对"中国哲学"构建的最大意义。但是问题在于,为了将历史上的义理之学贯穿为一个系统化的整体,而用西方"哲学"标准对中国材料进行裁剪,不无以西观中之虞,易言之,中国哲学建构并不是在对传统的全盘了解的基础上"哲学地"考虑中国传统中什么是哲学,而是在对西方哲学了解中寻找中国的材料。而且,更重要的是,这种系统化的"哲学史"构建行之既久,越是使"中国哲学"学科有"史"的系统,就却缺乏"学"的创造。在这些哲学史写作中,"学"的内容是西方的实验主义、新实在论、康德哲学、唯物主义等等,中国哲学研究也只能解释过去,不能回应现在,应对未来。因此,中国哲学学科训练出来的,更多的是"哲学史家"而极少"哲学家"。

同样,现代学术中的"历史"学科,也陷入有史无学的局面。胡适所倡导的"整理国故",最终是要做成中国文化史,

---

① 冯友兰:《怎样研究中国哲学史》,《三松堂全集》第11卷,第403页。

而这场运动最直接的结果,则是产生了"古史辨"派。因为胡适倡导"拿历史的眼光来整统一切",其高徒顾颉刚对这句口号的运用,是把整个中国学术等同于历史学。顾颉刚在1926年出版的《北京大学研究所国学门周刊》第2卷第13期《始刊词》中说:"国学是什么?是中国的历史,是历史科学中的中国的一部分。研究国学,就是研究历史科学中的中国的一部分,也就是用了科学方法去研究中国历史的材料。"[1]而在《京报副刊》1925年3月1日发表的致孙伏园的信中,他也说:"现在所谓国故学,原即是中国史学的别名,中国史学乃是世界史学中的一部分。我们对于中国过去的事实,分别它的性质,考究它的因果,使它整整齐齐,在世界史中得着它的应有的地位。"[2]这种无限扩大"历史"学科的范围,将材料变成学问本身,使这场运动变成了辨伪书、辨伪史的运动。胡适、顾颉刚所做的,是以历史统领国学,把国学完全纳入史学的视野范围之中,进行史学的研究,所以,他们研究的是业已成为陈迹的"史",而不是可以指导未来的"学"。当历史研究有材料而无价值,必然导致历史研究汗漫无归,而且,这样的历史研究始终不可能产生真正有深度的"历史哲学",来作为历史研究的核心价值。

历史无"学"之弊,在章门后学中同样可以看出来,章

---

[1] 顾颉刚:《北京大学研究所国学门周刊一九二六年始刊词》,《宝树园文存》,北京:中华书局,2011年版,第220页。

[2] 《京报副刊》1925年3月1日。

门治经学最精者吴承仕,考订三礼名物最塙,最后归于马克思主义。朱希祖史学虽与章太炎有异,其视典籍为史料,至于晚年,终有所悟,1938年致信其女婿罗香林有云:"余辈向治历史,仅为断片的考证,用力多而收获少,若仅少数人为之犹尚可也,驱全国学子出于一途,于社会实际进化无甚影响,此实大谬。……余将来思欲转移中国历史学风气,故先治心理学,继治社会科学,然后用以治历史,必于史学别开生面,若仍沿旧习治史,虽略有所得,于人类所补实尠,此余所以欲提倡新史学及新文学也。"①朱氏之悟,不可谓不痛,但离开考证史料的短钉之见,却不是走向其师的经史贯通之道,反而陷入治"心理学、社会科学"再治史学的泥淖。不久之后的1941年,周予同总结"五十年来中国之新史学",除了疑古、考古,还有"释古"一派,实是以西方某一家之学而解释中国整个历史。朱希祖非常准确地看到了一门学科"仅少数人为之"与"驱全国学子出于一途"之间的重要差别。在现代以大学为核心的文教制度之中,任何一门学科,皆不能无其"学",不能无其大方向,总价值,必须有一小部分大学者规定学科发展的大方向,认同学科发展的总价值,做出垂范,而后成其为一有意义的学科,使后学即便群起而做细微的考证,也能归于共同的价值。如果放弃学科的价值追求,行之既久,必有新的价值出而统领这一

---

① 朱希祖:《朱希祖书信集》,北京:中华书局,2012年,第202页。

学科。

而文学研究在现代学术转型之前已经积累了大量的成绩,例如章太炎、刘师培、龚向农等人的文学史论述,皆以传统的角度理解"文学",凡为"文"者,皆称文学,考历代源流,可明中国学术之大端。而现代转型之后,文学研究,从传统的文章研究,转化为以诗词歌赋为主体的研究。龚向农在1917年成书的《中国文学史略论》中明文学研究立场的"古今之变"云:"仲尼之门,考以四科,言氏习《礼》,卜子传经,文学之称,兹其蘥蘦。刘勰著书,备论《文心》,而上溯经纬,旁罗子史,下逮谐讔杂笔,明文学之域恢廓而已。近世言文学者,或以诗歌、戏曲、小说为骨干,而摈经、史、诸子,以为非类,原其恉趣,放据远西。窃疑殊域译言,胥由况拟,以吾所谓文学,迻译彼义,或不相中。"[1]龚氏之意,《论语》中孔门四科,有"文学"一科,应以此为标准来定义"文学",而且,刘勰的《文心雕龙》中之论文学,凡经书谶纬,子史文集,领域广大。到了近世,一些人根据西方的"文学"定义来讲中国文学,转而以诗歌、戏曲、小说为文学之正宗,与中国传统所谓文学者完全不同。而在龚向农所论对立面者,即为胡适,他理解的文学史,就是白话文学史,胡适在《白话文学史》一书中说:"白话文学史就是中国文学史的中心部分。中国文学

---

[1] 龚向农:《中国文学史略论》,《龚道耕儒学论集》,四川大学出版社,2010年,第57页。

史若去掉了白话文学的进化史,就不成中国文学史了,只可叫做'古文传统史'罢了。"①胡适明确宣布了其文学观与"古文传统史"不同,而要写活的文学史。这样的文学观,固然契合了白话文兴起的大背景,也迎合了西方文学对"文学"的理解,但是,这种文学史仍然只有"史"而没有真正的"学"的理论。

在中国学术的现代转型中,胡适等人倡导将中国古代思想、文献史料化而进行学科式的整理,除了文、史、哲之外,法学科有各种《中国法制史》,政治学系有各种《中国政治制度史》、《中国政治思想史》,教育系有《中国教育史》等等。这些学科都各有来自西方学科的"学",而回过头整理中国古代"史料",形成本学科之"史"。但是,这些"史"已经失去对现实的价值。而在人文学科研究中,如果文学研究不再有类似于"文章,经国之大业,不朽之盛事"之类的价值追求,"文以载道"之类的认识,如果史学研究不再有"究天人之际,通古今之变,成一家之言"之类的抱负,如果哲学研究不再有探索永恒的常道,不再有"为天地立心,为生民立命,为往圣继绝学,为万世开太平"之类的精神,而仅仅将古典学术世界中的永恒追求视作一时一地,一人一学,进行历史化的研究,以历史瓦解价值,那么,这样的学术研究,便只能止于解释、评价过去的时代。如果某些具体的研究如此,那是没有任何问

---

① 胡适:《〈白话文学史〉自序》,《胡适全集》(3),第716页。

题的,但是如果整个学科,乃至整个学术机制,整个文教制度都将中国典籍视同僵死的史料,中国学术便会陷入有"史"无"学"的局面,而不能实现真正的突破与创造。在这样的学术研究基础上建立起来的文教制度,背后有一个基本预设,就是随着辛亥革命、新文化运动带来的古今断裂,过去的一切,整个中国文明史,都已经对未来中国的发展毫无意义,甚至会阻碍未来的发展,因此必须用"历史的眼光整统一切",用历史来埋葬"过去的"文明。这一预设一直顽强地支配着现代学术转型之后的学科式研究,尤其是人文学科研究,以致中国的学术研究,成为各种西方学术思潮的演练场。而在这种有史无学的局面持续一段时间之后,经过中国社会性质论战等几场论战,马克思主义作为一种可以全面提供"学"的学说,终于重新统一了中国的学术研究,马克思主义成了新的"经学"。

第四章　孔子与六经的分离

中国学术的现代转型,最核心的内容就是瓦解经学作为中国传统学术之中心的地位,而将经书转化成各种西方学科研究的"史料"。传统学术本以经学为中心,在晚清的时代大变局中,廖平、康有为、皮锡瑞诸经师,皆汲汲于探寻独立的经学价值,重建经学的中心地位。而章太炎则在"天下—夷夏"格局转变为"世界—民族国家"格局的背景下,将经学转化成为史学,进而构建一个新兴民族国家的文明史。章太炎的"史",在其后学的手中吊诡地发展成为"史料",经学一旦被视为史料,便断送了经学的发展。

这一过程,需要解决两个问题,一是重新评价孔子,将孔子与六经分离;一是重新看待六经,将六经变成史料,用西方的学科眼光进行研究。

一、钱玄同:无关孔子的六经

自仲尼之没,其删削制作六经之功,百世传颂,虽战国之纷乱,六朝之玄虚,明末之狂诞,无有疑之者。而在新文化运动之中,为了打倒传统文化,必须将孔子与经学分开。胡适所倡导的"整理国故"运动,代表了一种全新的中国研究观的兴起,即将所有典籍视为史料,用现代的、科学的、客观的眼光进行整理。而整理的第一步,就是"辨伪",在这种特殊的学风中,催生出顾颉刚及"古史辨"。

1921年,章门高足,北大教授钱玄同写信询问当时年方29岁,在北大毕业后到图书馆工作的顾颉刚,他打算编纂的《伪书辨证集说》之"诸子"部分是否完成,并说:"我以为'经'之辨伪与'子'有同等之重要——或且过之。因为'子'为前人所不看重,故治'子'者尚多取怀疑之态度;而'经'则自来为学者所尊崇,无论讲什么,总要征引它,信仰它,故'伪经辨证集说'之编纂尤不容缓也。"[1]至此,我们至多可以说,钱玄同受了康有为、崔适辨驳古文经学态度的影响。而顾颉刚读后,在同日回信,既表示"先生所说集录经部辨伪之文的意思,读之甚佩",又继续申发他的意见:

---

[1] 钱玄同:《论编纂经部辨伪文字书》,《钱玄同文集》第四卷,北京:中国人民大学出版社,1999年,第228页。

我想此书集成后,便可进一步去推翻"孔子删述六经"这句话了。六经自是周代通行的几部书,《论语》上见不到一句删述的话,到了孟子,才说他作《春秋》;到了《史记》,才说他赞《易》,序《书》,删《诗》;到《尚书纬》才说他删《书》,到清代的今文家,才说他作《易经》,作《仪礼》。……"六经皆周公之旧典"一句话,已经给"今文家"推翻;"六经皆孔子之作品"一个概念,现在也可驳倒了。①

这是典型的顾氏辨析法,材料在哪个时代出现,事情就在那个时代发生,仿佛孟子是个专业造假能手,无凭无据便说孔子"作《春秋》",司马迁是个市井无赖,动不动就说孔子赞《易》,序《书》,删《诗》。他完全不相信孟子、司马迁也是言之有据,持之有故的学者,所说的都是有根据的话,就像他动不动就敢说"汉代的刘向、郑玄一流人,现在看起来固甚浅陋"一类的话。② 在一个学风正常,理性、科学的时代,只要问一句"凭什么《论语》没说的问题就都不存在,可以用《论语》之没说,怀疑《孟子》、《史记》之真实性",就可以让人怀

---

① 顾颉刚:《致钱玄同:论孔子删述六经说及战国著作伪书》,《顾颉刚古史论文集》卷七,北京:中华书局,2011年,第259页。
② 顾颉刚:《古史辨第一册自序》,《顾颉刚古史论文集》,第82页。

疑顾氏的立论的"科学"性。但在一个新学将打倒古学视为"文艺复兴"的时代,对经学,对孔子感情上的厌恶代替了理性的考虑,而将中国典籍史料化,又为这种情绪提供了宣泄的学术渠道。为顾颉刚之说作论证的,是他的老师钱玄同,钱氏未曾掩盖他的学术目的:

> 我以为不把"六经"与"孔丘"分家,则"孔教"总不容易打倒的;不把"经"中有许多伪史这个意思说明,则周代——及其以前——的历史永远是讲不好的。①

钱氏之说,可谓极为精到。六经为孔子删述或制作,是经学的基本预设。在今文经学中,孔子作《春秋》,删《诗》、《书》,定《礼》、《乐》,以成孔子一王大法。发展至康有为,则认为春秋战国诸子皆改制、创教,孔子也改制而制作六经。而在古文经学中,孔子述而不作,六经皆古圣王政教经典,因孔子整理而得以保存。发展至晚清,经学内部再激烈的今文反对者章太炎,也会认为孔子是"古之良史",删述六经,保存了古圣王的文献。经学之所以成为经学,正因为其作者是上古历代圣王与春秋时期作为圣人的孔子,而孔子之所以成为孔子,也正因为他在周末的时代变局中,通过六经的删削

---

① 钱玄同:《论〈诗〉说及群经辨伪书》,《钱玄同文集》第四卷,第233、234页。

制作,向上总结、继承尧舜以来的政教文明,往下预示、开拓中国二千余年历史的文明格局。因此,"六经"与"孔子"的关联,是经学之所以成立的基础,也是后来的"孔教"之所以成立的基础。

孔子与六经的分离,首先是在"史料"说与对史料的"辨伪"法中发展出来的,其代表人物是钱玄同。钱氏在《重论经今古文学问题》中说:

> "经"是什么? 它是古代史料的一部分,有的是思想史料,有的是文学史料,有的是政治史料,有的是其他国故的史料。既是史料,就有审查它的真伪之必要。①

既然把经学全部视为史料,那么整个中国文化所讲的一切问题,都可以当作学术研究的史料,而今人可以肆无忌惮地"理性"地重新审查这些史料。孔子与六经的关系,自《孟子》言孔子"作《春秋》",《庄子·天运》言"丘治《诗》、《书》、《礼》、《乐》、《易》、《春秋》六经",至《史记·孔子世家》言孔子删削六经,皆言之凿凿,但是,如果将这一切都当作史料,则所有史料,都有重新审视的必要。而在反传统的感情超过科学地看待传统的理性的时候,《孟子》所言,

---

① 钱玄同:《重论经今古文学问题》,《钱玄同文集》第四卷,第138页。

只是孟子的个人表达意见,《庄子》所说,只是战国后期形成的看法,司马迁之说,只是汉初人的观点。这些看法、意见、观点,即便并不矛盾,也无一可以天然成立,无一不可以肆意置疑。钱氏1921年写给顾氏的信中说:"咱们欲知孔学之真相,仅可于《论语》、《孟子》、《荀子》、《史记》诸书求之而已。"等到1925年发表此信,他加了一个附注:"这是四年前的见解,现在我觉得求孔学只可专据《论语》。至于《孟子》、《荀子》、《史记》中所述的孔学,乃是孟轲、荀况、司马迁之学而已,不得遽目为孔学。至于解'经',则古文与今文皆无是处。"①

在此中间,钱氏1923年5月25日写给顾氏的信中说,谈及他的心路历程,其说典型地讲明了他从今文经学转向古史辨的过程,他说:

> 我在十二年前看了康有为的《伪经考》和崔觯甫师的《史记探源》,知道所谓"古文经"是刘歆这班人伪造的。后来看了康有为的《孔子改制考》,知道经中所记的事实,十有八九是儒家的"托古",没有信史的价值。近来看叶适的《习学记言》,万斯同的《群书疑辨》,姚际恒的《诗经通论》和《礼记通论》(在杭世骏的《续礼记集

---

① 钱玄同:《论今古文经学及〈辨伪丛书〉书》,《钱玄同文集》第四卷,第225、226页。

说》中),崔述的《考信录》等书,和其他书籍中关于"惑经"的种种议论,乃恍然大悟:知道"六经"固非姬旦的政典,亦非孔丘的"托古"的著作(但其中有后来的儒者"托古"的部分;《论语》中道及尧舜文王周公,这才是孔丘的"托古"),"六经"的大部分固无信史的价值,亦无哲理和政论的价值。我现在以为——

(1) 孔丘无删述或制作"六经"之事。

(2)《诗》《书》《礼》《易》《春秋》本是各不相干的五部书。(《乐经》本无此书)①

钱氏之说,放在古代思想中,可谓石破天惊之论,盖因此说直接挑战整个中国文明的中心问题。但钱氏之论在当时并没有引起过多的争论,反而引起许多的共鸣。他的立论基础是《论语》,他认为:

> 我们要考孔丘的学说和事迹,我以为只有《论语》比较的最可信据。②

五四时期疑古的人们一般都相信《论语》大体是可靠的,因为假使连《论语》也怀疑,那就可以直接怀疑到底是否

---

① 钱玄同:《答顾颉刚先生书》,《钱玄同文集》第四卷,第237、238页。
② 同上,第239页。

存在孔子这样一个人了。钱玄同认为孔子和六经没有关系，最直接的依据就是《论语》。他把《论语》中关于《诗》、《书》、《礼》、《乐》、《易》的内容都抄出来，以此来证明孔子与六经没有关系。必须加以说明的是，当时不止疑古玄同，顾颉刚、傅斯年、周予同诸人皆是此一思路。

对于《春秋》，钱玄同发现《论语》中没有一句涉及到《春秋》，因此他说：

> 关于《春秋》的话，简直一句也没有。"答子张问十世"和"答颜渊问为邦"两节，今文家最喜征引，说这是关于《春秋》的微言大义，但我们仔细读这两节话，觉得真是平淡无奇，一点也看不出是什么"非常异义可怪之论"；而且《春秋经》《公羊传》《春秋繁露》中也并没有和这两节相同或相近的话。这样一件大事业，《论语》中找不出一点材料来，不是极可疑的吗！①

此后的1925年、1930年，钱氏又分别致书顾颉刚、胡适征求意见，顾氏之意与钱氏同，胡氏答书大意以为，"我们在今日无法可以证实或否证今本《春秋》是孔子作的"，但"所谓'孔子作《春秋》'者，至多不过是说，孔子始开私家学者作

---

① 钱玄同：《答顾颉刚先生书》，《钱玄同文集》第四卷，第242页。

历史的风气。创业不易,故孔子的《春秋》(即是不全是今所传本)也不见得比'断烂朝报'高明多少。"①胡适所说的"开私家学者作历史的风气",放在章太炎这样的学者眼中,会有惊天动地的意义,放在历史事实中,亦然。但对胡适而言,即便孔子再伟大,也是死的历史中的伟大,与现实毫无关系。对于孔子是否作《春秋》,怎样作《春秋》,在经学内部是关系重大的问题,而在胡适这里却是无关紧要的问题。但胡适的态度,明显比钱玄同要更"科学"一些。到了1931年,钱玄同为康有为《新学伪经考》写了一个题为《重论经今古文问题》的序言,其中说到:"其实《五经》中,惟《春秋》为孔子所作;其他四经,有成于孔子之前,有成于孔子以后的。"②大概是他得到的支持太少,不好意思坚持原来的见解罢。这种以《论语》中找不出关于《春秋》的材料来证明孔子不作《春秋》,彻底罔顾《孟子》、《庄子》、《史记》之说,完全是古史辨理性的傲慢极端化的表现。《论语》本为孔门后学编辑孔子言论之书,《春秋》获麟绝笔,次年孔子即逝世,《论语》中孔子语录,最早或为《颜渊》:"景公问政于孔子,孔子对曰:'君君,臣臣,父父,子子。'公曰:'善哉,信如君不君,臣不臣,父不父,子不子,虽有粟,吾得而食诸。'"最晚者或为《泰伯》:"曾子有疾,召门弟子曰:'启予足!启予手!诗云:战

---

① 胡适:《论〈春秋〉答钱玄同》,《胡适全集》(4),第590页。
② 钱玄同:《重论经今古文学问题》,《钱玄同文集》第四卷,第167页。

战兢兢,如临深渊,如履薄冰。而今而后,吾知免夫!小子!'"其时间可考者,多在孔子作《春秋》之前,且《孟子》、《庄子》、《史记》皆明言孔子作《春秋》,治《春秋》,如果不是极力要诋毁孔子,破坏传统文化,孔子与《春秋》的关系,还有什么可以怀疑的呢?如果研究孔子只相信《论语》,那么更应该怀疑的是孔子没有做过鲁国中都宰、大司寇,没有摄行相事,因为孔子从政,历时三载,时又已经广招弟子,而如此光辉事迹,《论语》竟无一语涉及,《左传》、《史记》却大加渲染,那应该怀疑《左》、《史》伪造孔子事迹之阴谋了。

对于《诗》、《书》,钱氏列《论语》中关于《诗》十六则,关于《书》四则,以为:"这十六则中,找不出一点删《诗》的材料来。"①"关于《书》的四则,也找不出一点删《书》的材料来。"②钱氏之说,以《论语》言《诗》、《书》而不及删《诗》、《书》之事,便断言孔子不删《诗》、《书》,仍然不免疑古过勇。关于孔子删《诗》之说,最明确的记载是司马迁《史记·孔子世家》,司马迁云:"古者诗三千余篇,及至孔子,去其重,取可施于礼义,上采契后稷,中述殷周之盛,至幽厉之缺,始于衽席,故曰'《关雎》之乱以为风始,《鹿鸣》为小雅始,《文王》为大雅始,《清庙》为颂始'。三百五篇孔子皆弦歌之,以求合韶武雅颂之音。"③钱氏之后,对《诗》的

---

① 钱玄同:《答顾颉刚先生书》,《钱玄同文集》第四卷,第242页。
② 同上,第243页。
③ 司马迁:《史记·孔子世家》,北京:中华书局,2003年,第1936页。

研究,著作迭出,而怀疑之风,肆若狂澜。如傅斯年讲《诗经》便云:"'诗三百'一词,《论语》中数见,则此词在当时已经是现成名词了。如果删诗三千以为三百是孔子的事,孔子不便把这个名词用得这么现成。且看《论语》所引《诗》和今所见只有小异,不会当时有三千之多,遑有删诗之说,《论语》、《孟》、《荀》书中俱不见,若孔子删《诗》的话,郑、卫、桑间如何还能在其中?所以太史公此言,当是汉儒造作之论。"①孔子教学,早在中年时代,所用教材,即有《诗经》,那么,《论语》言"诗三百",正是孔子所删之后的诗三百,孔子屡言,理无足怪。而后世引《诗》,多出孔门定本,故多与今所见三百篇同,理无不可。至于孔子删诗,保留郑风之类,前人已辨之极详。

对于《礼》、《乐》,钱氏认为"乐无经",但从《论语·子罕》"吾自卫反鲁,然后乐正","倒是这个没有经的乐是经过孔子整理的。"②《答顾颉刚先生》于《礼》无说,而《重论经今古文学问题》中钱氏说:"我以为孔子制礼之说虽未尽当,然亦非无征之谈,比周公制礼之说高明多矣。"③钱氏认为孔子制了《仪礼》的一部分,如"三年之丧",而《周礼》则为刘歆所伪造,二《戴记》都是东汉人编成的。至于《易》,钱氏仍据

---

① 傅斯年:《〈诗经〉讲义稿》,《傅斯年全集》第二卷,第141页。
② 钱玄同:《答顾颉刚先生书》,《钱玄同文集》第四卷,第243页。
③ 钱玄同:《重论经今古文学问题》,《钱玄同文集》第四卷,第155页。

《论语》言《易》三则,说:"这三则不特不足以证明孔丘曾经赞《易》,而且反足以证明孔丘与《易》无关。"①

钱氏等人之论,主要问题在于确定了《论语》为标准,并且,认定只有《论语》记载的是真孔子,其余诸书都是后儒的虚构。这种极端的眼光,使他们要从《论语》中寻找关于孔子的一切问题的答案,如果答案不存在,则一切问题都是假问题。但是他们从来不考虑《论语》的性质,它只是孔门后学所编,记录孔子一小部分言行的书,孔子一生言论行事,何其丰富,而《论语》一万一千余字之实录,何其简略! 要是它书与《论语》所载矛盾而怀疑之,尚可理解,而《庄子》、《孟子》、《史记》与《论语》全无半点抵牾,却根据《论语》判断它书所说皆非,这完全是滥用理性的表现。

孔子与六经的分离,是"古史辨"的基础。只有将六经从孔子所在的春秋末期分离出来,现代研究者才能放任自己的理性,将六经安排到不同的时代之中,此为"辨伪",为"考古"。钱玄同在论述六经与孔子无关之后,即言:《诗》,"是一部最古的总集";《书》,"似乎是'三代'时候的'文件汇编'或'档案汇存',应该认它为历史";《礼》,"《仪礼》是战国时期胡乱抄成的伪书","《周礼》是刘歆伪造的。《两戴记》中,十分之九都是汉儒所作的";《易》,"我以为原始的易卦,是生殖崇拜的东西","孔丘以后的儒者借它来发挥他们

---

① 钱玄同:《答顾颉刚先生书》,《钱玄同文集》第四卷,第243页。

的哲理";《春秋》,是"断烂朝报","流水账簿"。① 钱玄同的这一思路,为"古史辨"的正统路数,一旦将六经从孔子手中分离出来,六经便可以成为不同历史时期的"史料",而研究者也因而得以重新排列这些史料,而进行历史研究。

在现代学术转型中,钱玄同是一个非常重要,却被忽略的过渡人物。盖钱氏学出章太炎,又中途改辙,被康有为、崔适所影响,他是从经学内部出发来打倒经学,与胡适、顾颉刚、傅斯年们从经学外部否定经学不同。钱氏否定经学之激烈,又有过于胡适者。晚清今古文经学之争,皆变故说,创为新论。今文学尊孔,至康有为、崔适而无不用其极,以至于推翻一切古文经书,至钱氏,用其无所不用其极,而废其尊孔。古文学尊史,至章太炎而无所不用其极,以至于化经为史,而钱氏复用其无所不用其极,而废其尊史,变为史料。钱氏两用,遂开"古史辨"之先风。

二、孔、经分离下的中国哲学建构

孔子与六经的分离,对中国学术的现代转型影响至巨者,在"中国哲学史"的学科建构。西来之"哲学"科与中土之"义理"之学相对接,而传统义理之学,实以经学为根本,

---

① 钱玄同:《答顾颉刚先生书》,《钱玄同文集》第四卷,第245—247页。

孔子删削制作之六经,与西汉之经学,皆有义理。而自"钱玄同、胡适之门"分离孔、经,后来者翕然和之,于是研究先秦哲学,惟言诸子,研究两汉哲学而不及经传,研究汉魏六朝玄学而罕究经注,研究宋明理学而尽皆舍其经注义理,此为"中国哲学"学科之一大病,不得不归咎于民初之孔、经分离者也。

1. 孔子:儒家始祖与经学开创者

传统对孔子的认识,无论何种学派,都有一条共同的底线,即承认孔子删削六经,同时,孔子又是儒家学派的始祖。自刘歆作《七略》,"六艺"与"诸子"分立,荀勖作《中经簿》,"经部"与"子部"并置,孔子之所删削,在六艺之科,经部之著,孔门之所传学,在诸子之略,子部之书。以孔子一人,学兼二部。

然经、子之分合,古今文略有不同。以古文家之见,经学有孔子以前之经学,有孔子以后之经学,刘师培《经学教科书》列"古代之六经"、"西周之六经",而将经学之起源,追溯至伏羲画八卦,则或在文字之前矣。而后孔子以六经教弟子,遂有"孔子定六经"之事,成孔子之后之六经。[1] 马宗霍《中国经学史》,亦分"古之六经"与"孔子之六经",云:"盖古之六艺,自经孔子修订,已为孔门之六艺矣。"[2]古文家以六经为王官学,诸子皆出王官,其中孔子传六经以教人,乃得开

---

[1] 刘师培:《经学教科书》,《刘申叔遗书》,苏州:江苏古籍出版社,1997年,第2074、2075页。
[2] 马宗霍:《中国经学史》,商务印书馆,1937年,第9页。

儒家学派。而今文家之说不同,今文家以孔子之前无经学,孔子创立经学。皮锡瑞《经学历史》云:"经学开辟时代,断自孔子删定六经为始。孔子之前,不得有经。"①孔子之前,六经只有材料的意义,而无经学的价值,自孔子手订,赋予大义,六经才成其为六经。自此观之,则儒家与经学,皆出孔子,是故自《史记》之后,正史《儒林传》中之儒者,皆为传经师也。而在晚清民初,古文发展而极者为章太炎,其《原儒》列儒有三科,"是三科者,皆不见五经家"。②"晚有古文家出,实事求是,征于文不征于献。诸在口说,虽游、夏犹黜之。斯盖史官支流,与儒家益绝矣。"③也就是说,六经皆先王之政典,史官之记载,与儒无关;而儒家出于司徒之官,初无与于经。由此,则经、儒二分。今文家发展而极者,为廖平、康有为,乃以为战国诸子,多出孔门,自是言之,则经、儒不必二分。

经、子分合,说有不同,而孔子删削六经,则无大异。因此,早期的"哲学史"写作,都重视六经中的"哲学"。陈黻宸作《中国哲学史》,从黄帝讲到武王,所用材料,多出五经。但此书写法,过于不"哲学",故不为学界所重。而谢无量的《中国哲学史》(1914年)一书,为中国第一部系统的哲学史,

---

① 皮锡瑞:《经学历史》,北京:中华书局,2009年,第19页。
② 章太炎著,庞俊、郭诚永注:《国故论衡疏证》,北京:中华书局,2008年版,第488页。
③ 章太炎著,庞俊、郭诚永注:《国故论衡疏证》,第489、490页。

谢氏论"哲学"云：

> 哲学之名,旧籍所无,盖西土之成名,东邦之译语,而近日承学之士所沿用者也。虽然,道一而已,庄周论道术裂而后有方术,道术无所不统,方术则各明其一方,道术即哲学也,方术即科学也。①

哲学既为"道术",则古代"道"之所寄者,六经、诸子为主,故谢氏又言哲学之范围曰：

> 吾国古有六艺,后有九流,大抵皆哲学范围所摄。②

古有六艺,即孔子删削之前的六经。九流,即春秋战国时的诸子百家。谢无量在篇章安排上,先讲一章"六艺哲学",再讲"儒家"的哲学。在"六艺哲学"中,谢氏逐一讨论了孔子之前作为"周官旧典"的六经之哲学,接下来的"儒家"一章,第一节为"孔子",分三部分：(甲),孔子略传;(乙),孔子之述作;(丙),孔子之学说。其中,"孔子之述作"部分,讲孔子删定的六经的哲学,依据是六经,讲的是作为经学开创者的孔子。"孔子之学说"部分,则讲孔子的思想学

---

① 谢无量：《中国哲学史》,北京：中国人民大学出版社,2011年,第3页。
② 同上,第4页。

说,依据是《论语》《孝经》,讲的是作为儒家之始祖的孔子。谢无量的这种处理方式,因其对西方的"哲学"学科知之不深,故其分析"哲学"味不浓,而也正是因其未深知西方"哲学"学科,使他得以更多地立足于中国传统来看待"哲学史"的写作问题。

接下来的第二部"中国哲学史"为胡适的《中国古代哲学史》(1918年),当时尚未有所谓"整理国故"运动,疑古风潮未起,胡适虽然完全以西方的"哲学"标准来看待中国典籍,但讲到孔子一章,他仍然辟一节专讲《易》,一节讲"正名主义",取材主要是《春秋》。胡适虽然"素未从事经学"(章太炎语),[①]而且纯以西方眼光看中国哲学,使读者"有时候简直觉得那本书的作者是一个研究中国思想的美国人"(金岳霖语)。[②] 他不能对六经中的义理进行哲学分析,但在当时仍沿袭学界之旧说,以经书来研究孔子。

然而,无论是谢无量还是胡适之,其哲学史写作虽然注意到研究孔子不能离开五经,但对经学注疏系统的哲学分析或义理分析,都非常不足。胡适的哲学史可以说奠定了中国哲学这一学科的基础,而真正成为哲学史写作范式的,则是冯友兰的二卷本《中国哲学史》(1930年)。

---

① 章太炎:《再释读经之异议》,《章太炎演讲集》,上海:上海人民出版社,2011年版,第422页。
② 见金岳霖为冯友兰《中国哲学史》所写的《审查报告》,《三松堂全集》第2卷,第618页。

2. 哲学史建构：作为儒家的孔子

冯友兰的《中国哲学史》以中国的"义理之学"接驳西方"哲学"，可谓富有特识。义理、考据、辞章之分别，虽然出自清人，但以之为赅，则凡先秦诸子、魏晋玄学、宋明理学，皆可入于其中。清人言"义理"，对应的是宋学，言"考据"，对应的是汉学。是故所谓义理之学，本来就已经天然地带有宋学眼光的意味，转而忽视汉学，即经学。

冯友兰的哲学史构建，看似无关紧要，而究其实则对中国哲学史写作，尤其是后来的中国哲学学科有重大关系的，是继承钱玄同、顾颉刚等古史辨者的观点，认为孔子与六经没有关系，其说见于《燕京学报》第二期（1927年12月）发表的《孔子在中国历史中之地位》一文，文章说：

> 本篇的主要意思，在于证明孔子果然未曾制作或删正六经；即令有所删正，也不过如"教授老儒"之"选文选诗"；他一生果然不过是一个"选本多，门徒众"的"教授老儒"；但他却并不因此而即是"碌碌无所建树"；后人之以先圣先师等尊号与他加上，亦并非无理由。[①]

冯氏所驳的具体内容，是孔子作《春秋》，赞《易》。孔子

[①] 冯友兰：《孔子在中国历史中之地位》，《三松堂全集》第11卷，第136页。

作《春秋》之一重要证据,是《孟子·离娄》所说:"晋之《乘》,楚之《梼杌》,鲁之《春秋》,一也。其事则齐桓晋文,其文则史,其义则丘窃取之矣。"冯氏引用了《左传》中"赵盾弑其君"和"崔杼弑其君"两个例子,在此两例中,太史的直笔,都能够使"乱臣贼子惧",据此,冯友兰对《孟子》之言做了新的解释:

"其义"不止是《春秋》之义,实亦是《乘》及《梼杌》之义,观于董狐史笔,亦可概见。孔子只"取"其义,而非"作"其义。孟子此说与他的孔子"作《春秋》"之说不合,却似近于事实。①

此说大可商榷。观《孟子》之言,如果"其义"为史册共有之义,孔子何必说"其义则丘窃取之"这样的话?即便如杜预之《左氏》学,言《春秋》一经,也说:"其发凡以言例,皆经国之常制,周公之垂法,史书之旧章。仲尼从而修之,以成一经之通体。"②孔子也有"修"《春秋》的功劳。若孔子全无与于《春秋》,则为弟子讲《鲁春秋》即可,"其义窃取"完全是无着落的空言。况且,冯氏也提到《孟子》有孔子"作《春秋》"之语,与冯氏之解不合,而却不从"作《春秋》"之说,这

---

① 冯友兰:《孔子在中国历史中之地位》,《三松堂全集》第11卷,第137页。
② 杜预注,孔颖达疏:《春秋左传正义》,《十三经注疏》,第11页。

使其"窃取"之新解更不能成立。

冯氏之认为孔子未曾赞《易》,理由是在《论语》中出现的七处"天","完全系一有意志的上帝,一个'主宰之天'。"而在《易》中,"天或乾,不过是一种宇宙力量,至多也不过是一个'义理之天'。"因此,他认为,"如果我们承认《论语》上的话是孔子所说,又承认《易》之《彖》、《象》等是孔子所作,则我们即将孔子陷入一个矛盾的地位。"①问题在于,"义理之天"、"自然之天"、"主宰之天"是后人确立的标准,先秦人自身不见得有这样明确的区分。这个标准对于理解先秦论"天"之说,固然有很强的解释力,但要扩大到用于辨析群书作者,其有效性便是非常值得怀疑的。更重要的是,像钱玄同以《论语》论六经来证明孔子不作六经一样,《论语》是孔子及其弟子言行的记录,其为实录,固无疑问,但它并不能完整记载孔子所有的话,所以断不能凭《论语》的内容,将所有不同(而非矛盾)的话都认为是孔子不该说的。

冯友兰说,根据自己的上述论证,"及别人所已经说过的证据,我以为孔子果然未制作或删正六经或六艺。"那么,孔子与六经的联系,便只是"由于孔子以六艺教学生之故"。②因此,在冯友兰的研究中,孔子最重要的身份,是一个"教育家"。也只有与六经无关的孔子,才可能既不是"素王",又

---

① 冯友兰:《孔子在中国历史中之地位》,《三松堂全集》第11卷,第140页。

② 同上,第141页。

不是"至圣",而只剩下"先师"。而只有"先师",才可能对接西方的"哲学家"。因此,冯友兰说:"孔子的行为及其在中国历史上的影响,与苏格拉底的行为及其在西洋历史上的影响相仿佛。"[1]通过这样层层剥落孔子身上的神圣光环,冯友兰重新确立了孔子的新地位,即像苏格拉底那样的"哲学家"。在西方哲学史上,苏格拉底的身份,从来就不会是改制立法的"素王",或者超凡入圣的"圣人",而中国古代传统中,孔子却从来不是芸芸众生中的一员,孔子之所以出其类而拔其萃者,要在于删削制作六经,以为万世所法。如果破除了这一点,则孔子的功绩,便只剩下作为开创儒家学派,首开平民教育,孔子的形象,便只剩下作为万世师表的"师"的孔子,即《论语》中所表现出来的孔子。

至此,孔子的唯一作品只是《论语》,《论语》中作为老师的孔子,终于与西方哲人苏格拉底接上了头。

解除了孔子与六经的关系,孔子便只是"诸子"之一的儒家学派的始祖。可以说,"做为诸子的孔子",是冯友兰之后中国哲学史学科建构的一个共同的基本预设。在这种预设中,冯友兰的哲学史与谢无量的哲学史相比,去掉了谢著中的第一阶段"六艺哲学",而将整个中国古代哲学史从孔子开始讲起,分为"子学时代"和"经学时代"两个部分。先

---

[1] 冯友兰:《孔子在中国历史中之地位》,《三松堂全集》第11卷,第143页。

秦诸子,是为子学时代,自前汉董仲舒至晚清廖季平,是为经学时代。必须注意的是,书中论述"经学时代"的哲学,主要内容也不是经注,而是选取这一以经学为主导的时代中那些义理论述进行哲学性的解释。冯氏能够将廖平经学也视为"义理"纳入哲学史论述之中,是他极为精到的见解,此不可不表者也。但总体上,一旦解除孔子与六经的关系,研究孔子所能依据的就只有《论语》,于是"孔子的哲学思想",便不再是传统自汉人至于清世皆认同的五经的思想,而是《论语》中孔子教弟子、应答时人所留下的只言片语的记录。并且,这也严重影响了对孔子之后哲学史的认识,导致将大量经注排除在哲学史范围之外。

在冯著《中国哲学史》的巨大影响下,后来的哲学学科建构与中国哲学史写作中的孔子,基本上都只剩下"作为诸子的孔子",而抛弃了"作为经学开创者的孔子",从而导致中国哲学学科建构中经学研究的大量缺失。如果以西方哲学为标准,那么,去经学才能更"哲学",但是另一方面,太"哲学"则会很不"中国"。

3. 被遗漏的"义理"

正因为中国哲学史学科建构中,否认了孔子与六经的关系,从而忽视了经学研究,导致作为义理表达的经与经注,绝大多数被排除出哲学史。

事实上,自引入"哲学"一词以来,其范围大体上是一定的。王国维《哲学辨惑》云:

夫哲学者,犹中国所谓理学云尔。艾儒略《西学(发)凡》有"斐禄琐费亚"之语,而未译其义。"哲学"之语实自日本始。日本称自然科学曰"理学",故不译"斐禄琐费亚"曰理学,而译曰"哲学"。①

章太炎《国故论衡·明见》云:

> 九流皆言道。道者,彼也;能道者,此也。……自宋始言道学,理学,心学,皆分别之名。今又通言哲学矣。②

王国维、章太炎所言之"哲学",主要内容其实是理学。谢无量之言西方之哲学为中国之"道术",冯友兰之言西方之哲学可以对接中国之"义理之学",主要内容都可以包括先秦诸子、宋明理学。事实上,上述四说,都把哲学的核心规定在"义理"上。而中国古代之言"义理"者,主要由宋明理学所发明,而在清代汉宋之争中归纳出来的。所谓"哲学",其实是接着宋学的线路进行哲学化地继续发明中国传统义理之学。而自整理国故、辨伪古史之后,反孔之风大炽,群言

---

① 王国维:《哲学辨惑》,《王国维全集》第十四卷,第6页。
② 章太炎著,庞俊、郭诚永注:《国故论衡疏证》,北京:中华书局,2008年版,第546页。

纷纷,以至连《孟子》、《史记·孔子世家》中孔子删削、制作六经之说,也被推翻,六经失去了归属,传记更无所凭依。孔子与六经分家,使六经之作者时代,不复可以确证,而经传之义理,亦无所系。因而哲学史之言孔子哲学,可以不及五经,言汉代哲学,可以无视传记。

如果回到古代的"义理"系统中,一部分经传之有义理,是无法抹煞的事实。最典型者,莫如《春秋》之《公羊》、《穀梁》二传。二传皆自称传孔圣微言大义,至于汉初,才书于竹帛。今日即使怀疑其是否真出孔子口传,但其至汉初已经书于竹帛,足可证明二传是战国时代的思想。其中,《公羊》一传,义理尤其明显,司马迁引董仲舒之言所谓"《春秋》文成数万,其指数千。"[①]《春秋说》所谓"《春秋》设三科九旨",[②]都是言《公羊》之义理。而在民国时期,陈柱有《公羊家哲学》,列《公羊》之学有"革命说"、"尊王说"、"弭兵说"、"崇让说"、"攘夷说"、"疾亡说"、"尚耻说"、"进化说"、"正名说"、"伦理说"、"仁义说"、"善恶说"、"经权说"、"灾异说"等十四说。杨树达又有《春秋大义述》,也列以《公羊》为主的三传义理,包括"荣复雠"、"攘夷"、"贵死"、"诛叛盗"、"贵仁义"、"贵正己"、"贵诚信"、"贵让"等义。杨著偏于文献整理,陈著多作理论分析。若以"哲学"整理中国古代义

---

① 司马迁:《史记·太史公自序》,第3297页。
② 何休注,徐彦疏:《春秋公羊传注疏》,《十三经注疏》,第7页。

理之学,则如《春秋》之义,不可忽略,况哲学史中既言董仲舒、康有为,而二子都是典型的《春秋》学家,二子之学,都是《公羊》后学,董仲舒、康有为可以以哲学解释之,《公羊传》更可以哲学解释之也。

另外,经注之义理,也多为哲学科所忽略。哲学史之重经注,有以王弼《易》注,何晏《论语集注》言玄学,以朱子《四书章句集注》言理学。而经学之所以为经学,正以其历代注疏,以成一代之学风。而注疏之最重者,是汉人的解经。清代汉宋之争,有言汉学为考据之学,宋学为义理之学。汉学,即清人对汉代经注的研究;宋学,即清人对宋人经说的研究。至晚清,主汉宋兼采一派,多发掘汉儒经注的义理。清代汉学确实主要成就在于训诂考据,而汉儒之学问绝非如此。陈澧(字兰甫)有云:

> 今人言汉儒之学,乃指其训诂之学耳。其实,汉儒义理之明、德行之高,皆不亚于宋儒。①

陈澧的《汉儒通义》正是从汉儒经注中整理出"义理",其书序云:

---

① 陈澧:《东塾杂俎》,《陈澧集》(贰),上海:上海古籍出版社,2008年,第448页。

> 汉儒说经,释训诂、明义理,无所偏尚。……澧以为汉儒义理之说,醇实精博,盖圣人之微言大义,往往而在,不可忽也。①

陈澧仿《白虎通》、《近思录》之例,按照"天"、"地"、"阴阳"、"道"、"理"、"心"、"性"等义理主题采摭汉儒经说。其书最大的价值,就是提示这样一个事实:即便以宋儒的"义理"为标准,汉儒的注经之书,也并非只是文字训诂,而是有汉人的义理存焉。钱穆评论此书曰:"排比众说,不欲讲家法而但求通义,其意虽是,而于两汉四百年诸儒,流变派别,因亦无所发明。"②其说之意在于,《汉儒通义》只是提炼出一些主题,排比经注中只言片语所表现的义理,而未能通过两汉经学的家法,求各家法之义理与流变。钱氏之说极是。若以义理言之,则汉世立学之三家《诗》,尤其是《齐诗》,其义理固不可忽视,清世如陈乔枞的《齐诗遗说考》,迮鹤寿之《齐诗翼氏学》,都已经为《齐诗》现存文献的研究做了整理工作,民国邵瑞彭的《齐诗钤》更是研究《齐诗》义理的必要参考。又如何休《春秋公羊传解诂》之思想,郑玄群经注中之历史哲学,都不能说没有"义理"。而对这些义理的"哲学"解释,完全可以构成"哲学史"的一个组成部分。陈澧评论

---

① 陈澧:《汉儒通义》,《陈澧集》(伍),第115页。
② 钱穆:《中国近三百年学术史》,北京:商务印书馆,2005年,第663页。

晚清认为汉儒经注无义理者云：

> 近人谓宋儒讲义理，讥汉儒不讲义理，此未见汉、宋人书者也。宋人有文集，有语录；汉人不但无语录，并无文集，其讲义理，惟注经耳。且汉人注经谨严简约，无自发议论溢出经文之外，如宋人说经者也。即令有一二篇传于世，亦如郑康成《戒子书》耳。无学之人不知汉、宋时代不同，但以宋儒多讲道学之语，而汉儒无之，遂以为汉儒不识义理，此不通之极也。①

现代哲学科的构建，重宋人之经说，而弃汉儒之经注，正如陈澧所讥也。哲学学科对经学的忽视，使汉人经注的义理，同样被排除出学科研究之外。

以今人眼光观之，传统学术中的义理之学，确实是中国思想最有思想活力的部分，以哲学学科接舶义理之学，不失为整理传统学术的最好途径。而这种新的学科构建，应该极尽所能地从内部而非外部的眼光看传统，建立在传统学术的核心与本源的基础之上。而五四新文化运动打倒传统的学术态度，影响到现代学科的构建，在哲学科中的表现，莫过于孔子与五经的分离，是哲学科排除了大部分的经传注疏。

---

① 陈澧：《东塾杂俎》，《陈澧集》（贰），第450页。

第五章 经学的史料化
与经学的瓦解

  毛子水的《国故与科学的精神》、胡适的《〈国学季刊〉发刊宣言》,都明确地宣布了中国一切典籍史料化,而后进行科学的整理。这种态度,全面颠覆了经学的价值,而且颠覆了经学研究。经学史料化之后,经书中的记载被当成是最古老的历史,而且是"伪史",进行新的审视,从而出现了"古史辨"运动。而整理国故与随之而来的现代学术分科的全面建立,则把经书分散到几个学科之中,而经学因之也完全消失。

一、经学史料化中的经史研究

  "古史辨"表面上是一场史学运动,但是正因当时流行"以历史的眼光"看待一切,所以这场史学运动,也可以说是对整个传统文化的革命。它最重要的基础,是胡适所提出来的,以历史的眼光看待整个中国文化,四部之书皆成"史料"。它的理论依据,是宋代以来王柏、崔述、姚际恒一帮志在疑古的非主流人士。而它的方法,部分借鉴晚清今文经学如康有为、崔适辨析古文伪经的考证方法。这三方面资源的奇诡结合,成为古史辨派辨识古史,摧毁经学的理论基础。

在古史辨兴起之初,无论钱玄同、胡适还是顾颉刚,都认为应该"辨伪经",这与清末康有为之《新学伪经考》有方法上的关系。可以说,古史辨派是晚清今文经学的"方法"史学变异的结果。钱玄同自陈其所受康有为、崔适的影响说:

> 我对于"经",从一九〇九至一九一七,颇宗今文家言。我专宗今文,是从看了《新学伪经考》和《史记探源》而起:这两部书,我都是在一九一一才看到的。一九〇九细绎刘申受与龚定庵二人之书,始"背师"(章太炎师专宗古文,痛诋今文)而宗今文家言。……自一九一一读了康崔二氏之书,乃始专宗今文。①

而顾颉刚同样也受过康有为的影响。他自述其学说:

---

① 钱玄同:《论今古文经学及〈辨伪丛书〉书》,《钱玄同文集》第四卷,第225页。

《新学伪经考》买到了。翻览一过,知道它的论辨的基础完全建立于历史的证据上,要是古文的来历确有可疑之点,那么,康长素先生把这些疑点列举出来也是应有之事。因此,使我对于今文家平心了不少。后来又从《不忍杂志》上读到《孔子改制考》,第一篇论上古事茫昧无稽,说孔子时夏、殷的文献已苦于不足,何况三皇五帝的史事,此说即极惬心餍理。下面汇集诸子托古改制的事实,很清楚地把战国时的学风叙述出来,更是一部绝好的学术史。虽则他所说的孔子作《六经》的话我永不能信服,但《六经》中参杂了许多儒家的托古改制的思想是不容否认的。我对于长素先生这般的锐敏的观察力,不禁表示十分的敬意。①

但是康有为辨伪经的目的在于识真经,正因为今文经与古文经不能两立,要彰扬今文经之一王大法,便不得不辨析古文经之非。而其关切者,实在于为已经到来的民族国家时代重建人世间生活的核心价值。而钱、胡、顾之辈之继承今文经学,事实上是得筌忘鱼,得蹄忘兔,专取其方法而舍其目的,他们"辨伪经"的工作,是将经学视为史料,从而构建起"科学"的中国史。因此,他们用康有为、崔适二君辨伪经、伪史的方法,又宣称"超越"今文学。钱玄同1921年3月23日写给顾颉刚的信中说:

----

① 顾颉刚:《古史辨第一册自序》,《顾颉刚古史论文集》卷一,第23页。

> 我前几年对于今文家言是笃信的;自从一九一七以来,思想改变,打破"家法"观念,觉得"今文家言"什九都不足信。……我现在以为古文是假造的,今文是口说流行,失其真相的,两者都难凭信。①

到了作《重论经今古文学问题》的时候,钱氏又提出了"超今文"说。他说:"至于把古文经打倒以后,再来审查今文经,则其篇章来源殊甚复杂,它的真伪又是极应考辨的。但这是要站在超今文的'历史家'的立场上才配说。"②他又认为,必须对今文经典一一分析,疏证明白,"方能作古代种种史料之用",而且"这类工作是'超今文'的。"③所谓"超今文",其实就是历史学的眼光。

顾颉刚同样极力撇清和今文经学的关系,在《跋钱穆评〈五德终始说下的政治和历史〉》一文中他说:

> 我对于清代的今文家的话,并非无条件的信仰,也不是相信他们所谓的微言大义,乃是相信他们的历史考证。……我决不想做今文家;不但不想做,而且凡是今

---

① 钱玄同:《论今古文经学及〈辨伪丛书〉书》,《钱玄同文集》第四卷,第225页。
② 钱玄同:《重论经今古文学问题》,《钱玄同文集》第四卷,第140页。
③ 同上,第210页。

文家自己所建立的学说我一样地要把它打破。①

在《古史辨第五册自序》中他又说:

我们要推倒古文家,并不是要帮今文家占上风,我们一样要用这种方法来收拾今文家。②

简言之,清世今文经学辨伪古文经典,经过现代启蒙思想的转化,马上变成回首弑父的古史辨派。古史辨"超今文"的立场,就是将一切经典视为史料进行辨伪。而这场摧毁古史的运动,用的口号是"科学方法"。顾颉刚说到他的科学方法,就是从听胡适的课所知的,"研究历史的方法在于寻求一件事的前后左右的关系,不把它看作突然出现的。"③其实,他学到的是一种对中国传统前所未有的态度,他说:"中国的学问虽说积了二三千年没有断,可是梦乱万状,要得到确实的认识非常困难。我今日从事研究整理,好像到了造纸厂中做拣理破布败纸的工作,又多,又臭,又脏,又乱,又因拣理的家伙不完备,到处劳着一双手。"④中国文明本是一座完整的大厦,在胡

---

① 顾颉刚:《跋钱穆评〈五德终始说下的政治和历史〉》,《顾颉刚古史论文集》,北京:中华书局,1996年,第461页。
② 顾颉刚:《古史辨第五册自序》,《顾颉刚古史论文集》卷一,第129页。
③ 同上,第83页。
④ 同上。

适"整理国故"的"史料"说影响下,顾颉刚发现其实都是残砖破瓦,古人所有的精神都变成了史料,这为顾氏打开了一片新天地。而他努力所做的,就是:"我把世界上的事物看成许多散乱的材料,再用了这些零碎的科学方法实施于各种散乱的材料上,就喜欢分析、分类、比较、试验,寻求因果,更敢于作归纳,立假设,搜集证成假设的证据而发表新主张。"[1]

五经与孔子脱离关系,成为不同历史时期的史料,这是顾氏史学研究立论的基础。凡"层累地造成的中国古史"、"春秋时的孔子和汉代的孔子"等论皆然。其论古史是层累造成的,则言:"如舜,在孔子时只是一个'无为而治'的圣君,到《尧典》就成了一个'家齐而后国治'的圣人,到孟子时就成了一个孝子的模范了。"[2]其论孔子,则言:"春秋时的孔子是君子,战国的孔子是圣人,西汉的孔子是教主,东汉后的孔子又成了圣人,到现在又快要成君子了。"[3]古书本来就不多,流传至今的更少,《论语》中的舜是圣君,难道就不能如《尧典》的"家齐而后国治",《孟子》中所说的孝子模范?《论语》中的孔子是君子,难道就不能如战国时期所称的圣人?顾氏将孔子与六经分离,经说分属于不同时代,其真实意图

---

[1] 顾颉刚:《古史辨第一册自序》,《顾颉刚古史论文集》卷一,第83页。

[2] 顾颉刚:《与钱玄同先生论古史书》,《顾颉刚古史论文集》卷一,第181页。

[3] 顾颉刚:《春秋时的孔子和汉代的孔子》,《顾颉刚古史论文集》卷四,第12页。

在于瓦解经学。在1935年写的《崔东壁遗书序一》中,他论证辨伪古书最终将五经、经说分属于不同时代,而后说:

> 经了这一分,而后经学解体,孔子不再可能成为教主。可见辨伪的工作,在我国旧有学术里比较富有科学性和民主性的,是我们应当继承的优秀遗产。我们应当吸收其精华而淘汰其糟粕,宋学取其批评精神,去其空谈;清代经学取其考证法,去其墨守汉儒说;今文经学取其较早的材料,去其妖妄与迷信,然后在这个基础上建立起新史料学来。①

顾氏在1979年3月至1980年9月之间还写过一篇《我是怎样编写古史辨的》,更明确地说:

> 我的《古史辨》工作则是对于封建主义的彻底破坏。我要使古书仅为古书而不为现代的知识,要使古史仅为古史而不为现代的政治与伦理,要使古人仅为古人而不为现代思想的权威者。换句话说,我要把宗教性的封建经典——"经"整理好了,送进了封建博物院,剥除它的尊严,然后旧思想不能再在新时代里延续下去。②

---

① 顾颉刚:《崔东壁遗书序一》,《顾颉刚古史论文集》卷七,第166页。
② 顾颉刚:《我是怎样编写古史辨的》,《顾颉刚古史论文集》卷一,第173页。

上引二说,前者迎合民国时代追求"科学"与"民主"的学风,后者迎合马克思主义将孔子视为"封建主义"思想的意识形态,二者的共同点都是埋葬经学。

经过钱玄同、顾颉刚,经学在学科上彻底纳入史学,在价值上彻底被瓦解。而且,钱、顾二氏这种处理经学的方式,极为深远地影响了现代学术转型之后的"历史"一科的学科建设,其特征就是将经学视为史料,用各种历史理论整理之。在这种研究中,经籍之所以为经的意义,已经丧失殆尽。构建中国古代历史,经书毫无疑问是最重要的材料,但是不能将作为考古史材料的经,与经学本身混为一谈。

经学史料化,不单为历史研究所吸收,也成为民国主流经学史研究的基础,其代表人物是周予同。就像顾颉刚一样,周予同一生的学术,其实也是"整理国故"的学术。"整理国故"的学术,指在已将中国所有典籍看成史料之后,又还未及用西方学科对这些史料进行学科式的重组之前,所进行的对史料的重新考辨、编排、分类的阶段。而周予同整理的恰好是经部。

作为经学史研究者,周予同对胡适的评价是非常有意思的。他在1941年写的长文《五十年来中国之新史学》中说:

> 使中国史学完全脱离经学的羁绊而独立的是胡适。……只有胡适,他才是了解经今文学、经古文学、宋

学的本质,接受经今文学、经古文学、宋学的文化遗产,而能脱离经今文学、经古文学与宋学的羁绊,以崭新的立场,建筑新的史学。转变期的史学,到了他确是前进了一步。①

周氏常将经学分为今文、古文、宋学,此三学已经构成了整个经学及其历史。不知道胡适看到一个经学史研究者对自己这样的评价,和1935被章太炎批评"素未从事经学"相比,会不会感到难为情。周氏声称,他要进行的是"超经学的研究":

> 经学研究的现阶段就是"超经学的研究"。这话,初看似乎滑稽或不通;其实,一点也不。所谓超经学,就是要超汉宋学,超今古文学之经学的研究。……在清代末年,章学诚叫出"六经皆史"的口号,确是比较前进的意识;但现在,这口号落伍了,我们现在只能说"六经皆史料",而不能说"六经皆史"了。"史"与"史料"是不同的:"史料"只是一大堆预备史家选择的原料,而"史"却是透过史家的意识而记录下来的人类社会。②

---

① 周予同:《五十年来中国之新史学》,朱维铮编:《周予同经学史论》,上海:上海人民出版社,2010年,第377页。
② 周予同:《怎样研究经学》,朱维铮编:《周予同经学史论》,第441页。

六经都是史料,那么就必须"以治史的方法治经",而将经看成史之后,经学自然被消灭了。在《治经与治史》中,他又说:

> 就是清末章学诚所叫出的"六经皆史"说,在我们现在研究的阶级上,也仍然感到不够;因为我们不仅将经分隶于史,而且要明白地主张"六经皆史料"说。——诸位大概明白,"史"和"史料"是不同的;史料是客观的社会的历程所遗留下来的记录,而史是这些客观的记录透过了史学家的主观的作品!明瞭了这一点,那么中国史学对经学的关系,不仅如成语所说,"附庸蔚为大国",而且实际上日在"侵食上国"了。明显地说,中国经学研究的现阶级是在不徇情地消灭经学,是在用正确的史学来统一经学。[①]

就此而言,经学研究在周氏心目中,不是独立的经学研究,而是"学术史"研究的一个部分,而且是批判的学术史研究的一个部分。在他看来,治经学有两个使命:

> 所以现在研究经典,至少应该负起两种使命:一是

---

① 周予同:《治经与治史》,朱维铮编:《周予同经学史论》,第434页。

积极的,将经典当作一种文化遗产,分部的甚至于分篇的探求它的真面目,估计它的新价值,使它合理的分属于学术的各部门。……研究经典的另一种使命,可称为消极的,就是探求中国经典学所以产生发展和演变之社会的原因,揭发它所含的宗教毒菌,暴露它在政治上的作用,将它从统治阶级和统治阶级所奴使的学者名流的手里夺过来,洗刷去它外加的血污或内含的毒素,重新成为一种文化遗产,呈献给大众![1]

简言之,积极的使命是将经学纳入现代学科之中,消极的使命是毫不留情地批判经学。周氏的经学史批判研究的出现,是经学史料化的学术思路和反传统的感情相结合,投射于专门的经学史研究之中的产物。他说:"经学!我正在高唱着它的挽歌呢!"[2]这挽歌的声音汇入民国时期反传统、反经学的洪流,似乎还有点微不足道。但正因为周氏被视为经学的专门研究者,与顾颉刚们纯用经学为史学之材料不同,使周氏的经学史研究有着独特的时代烙印和位置。周氏将廖平一、二变与康有为《新学伪经考》、《孔子改制考》结合而加以通俗化的表达,确有一定的意义。而他注解的皮锡瑞

---

[1] 周予同:《治经与治史》,朱维铮编:《周予同经学史论》,第433页。
[2] 周予同:《怎样研究经学》,朱维铮编:《周予同经学史论》,第441页。

《经学历史》,其注虽有微瑕,①但对《经学历史》的阅读确有帮助。

周予同所说的,研究经典"积极的"使命,是使之"合理的分属于学术的各部门",这关系到民国时期中国学术转型中的学科设置,民国学术取消经学一科,而分隶于文、史、哲诸学科之中,这些学科的研究者也必须阅读部分经部著作,如《诗经》之于文学,《左传》之于历史,《周易》之于哲学,不同学科的研究对象皆有一部分经学著作,是否意味着经学没有瓦解呢?

二、经学史料化与现代学科

早在辛亥鼎革之后,教育总长蔡元培取消了清末"癸卯学制"(西元1904年)规定的"经学科",建立起七科之学,其中文科分哲学、文学、历史学、地理学四门。蔡元培在1937年所写的回忆文章《我在教育界的经验》一文中解释道:

> 我以为十四经中,如《易》、《论语》、《孟子》等已入哲学系,《诗》、《尔雅》已入文学系,《尚书》、《三礼》、

---

① 参见陈鸿森:《皮锡瑞〈经学历史〉周注补正》,彭林编:《中国经学》第一辑,桂林:广西师范大学出版社,2005年。

《大戴记》、《春秋三传》已入史学系,无再设经科的必要,废止之。①

这种思想,对蔡元培而言,可谓由来有自。早在1901年,他在《学堂教科论》中便说:"《书》为历史学,《春秋》为政治学,《礼》为伦理学,《乐》为美术学,《诗》亦美术学。……《易》如今之纯正哲学。"②晚清民初,在西学东来的大潮中,在日本人以西学分科之法研究中国学问的影响下,确有不少

---

① 蔡元培:《我在教育界的经验》,高平叔编:《蔡元培全集》第七卷,北京:中华书局,1989年,第193页。
后来在"国(故)学"的范围内讨论经学的分属,基本上和蔡氏之书思路一致。例如曹聚仁1925年所写的《春雷初动中之国故学》言根据五经的性质区分:

《易》当分入哲学社会学文字学,《诗》当分入文学,《书》多当分入政治学社会学法制学,《礼》当分入教育学政治学社会学,《春秋》当分入史学政治学。(许啸天编:《国故学讨论集》第一集,第101页。)

而陆懋德《中国经书之分析》则云:

《周易》为最古之哲学,《尚书》为最古之史学,《诗经》为最古之文学。自此系统既定之后,则后起之著作,皆可按类分入其内,无虑浑淆矣。然则经之称谓,与经学之名词,虽废去可也。兹为分析其门类如下
1. 哲学类——《易经》、《论语》、《孝经》、《孟子》及《礼记》。
2. 史学类——《书经》、《春秋三传》、《周礼》即《仪礼》。
3. 文学类——《诗经》及《尔雅》。(许啸天编:《国故学讨论集》第三集,第185页。)

② 蔡元培:《学堂教科论》,高平叔编:《蔡元培全集》第一卷,北京:中华书局,1984年,第145页。

人借鉴西方学科,以部勒中国典籍。例如刘师培、陈黻宸、陈汉章等等。但是,总体而言,他们努力的方向,是以西方学科的范围与方法,来激活中国典籍中某些部分的生命,而不是以西方学科为标准,将中国学术解释成世界学术的一部分。更重要的是,他们以一种学科来研究经籍,但并不认为这种学科就能够穷尽经籍,简言之,对他们而言,西方学科不是标准,而是范围。

而经过章太炎之后,经已为"史",经过胡适,经成为"史料",经学已经失去其精神与价值。钱玄同有一说可以为例:

> 到了近代,章学诚和章炳麟师都主张"六经皆史",就是说孔丘作《六经》是修史。这话本有许多讲不通的地方,现在且不论。但我们即使完全让步,承认二章之说,我们又应该知道,这几部历史之信实的价值远在《史记》和《新唐书》之下,因为孔丘所得的史料远不及司马迁、宋祁、欧阳修诸人,"夏礼殷礼不足征"之语便是铁证。[①]

经本为中国文明之核心,一旦成"史",则失去其作为"常道"的价值,而一旦成为"史料",则成了真伪并存的史

---

① 钱玄同:《研究国学应该首先知道的事》,《钱玄同文集》第四卷,第256页。

料。在从"史"到"史料"的转化中,经学的价值早已荡然无存。而在中国现代学术转型中,现代学科的构建,正是建立在以中国一切典籍为"史料"的基础之上。当经书纳入哲学、文学、历史的研究中,虽然不同学科的研究者也必须阅读经书,但已经与经学无关。具体而言,学科化的研究对经学的瓦解,表现在两个方面。

1. 注疏研究的缺失。

"经"与"经学"不同,五经(后来发展成为十三经)只是五(十三)本典籍,经的生命力不是自然呈现的,而是通过一代代经师的解经,而发展出一套价值系统。一代代经师对经书义理的发掘,构成了"经学"。"经"只是经文本身,而"经学"则包括了经、注、疏。自汉代以后,每一时代经书的生命力,都体现在注疏之中。经书表达出抽象的义理,而历代注家结合其所在时代的一切特征,包括政治制度、表达方式等等,将抽象义理落实为具体的、适应时代的理解。因此,每一时代的经解各有不同,而共同构成了经学大系。后代的人通过对前代解经家的注疏,去了解经文,而后重新解释经文义理,推动经学的继续发展。因此,经与其注疏系统,密不可分,没有注疏系统的经文本身,只是一堆无法理解的教条。

而学科式的研究,从一开始就瓦解"经学"而直接面对"经"本身。胡适在《〈国学季刊〉发刊宣言》中说:

> 整治国故,必须以汉还汉,以魏晋还魏晋,以唐还唐,以宋还宋,以明还明,以清还清;以古文还古文家,以今文还今文家;以程朱还程朱,以陆王还陆王,……各还他一个本来面目,然后评判各代各家各人的义理的是非。①

这种道理,在历史研究中固然正确,甚至在经学史研究中,也非常必要。但是,放在经学研究之中,便完全是制无轮之车,作无津之渡。按照这种思路,五经的汉魏注解只是汉魏的思想,六朝义疏只是六朝的思想,宋明注解只是宋明的思想,那么,经本身在哪里?胡适早有一个预设,今人可以通过直接阅读经文去理解经文,这样的预设对研究者而言,是很成问题的。如果任何时代的人都可以直接阅读经文而理解经文,前汉诸儒,何必要将一切经传,都追溯到孔子的微言大义?汉唐之间诸经师,何不直接注经而要为经注作义疏?宋明诸儒,何苦要通过发明四书义理去明经?今人与经籍之间,遥隔二千余年,无论是社会背景,还是思维方式,都大为不同。历代经注,既为经籍的时代性解释、发明提供了经验,又是今人认识经籍义理丰富性的津梁,如果只是将经文直接翻译为白话语文,经籍便只是一堆过时的训语,而在胡适对经的理解中,确实如此。他讲到《诗经》时说:

---

① 胡适:《〈国学季刊〉发刊宣言》,《胡适全集》(2),第8页。

也应该把《三百篇》还给西周、东周之间的无名诗人。①

以《诗经》为例,我们可以看到,如果将两汉三家诗、毛传郑笺,都视为汉朝人的思想,那么《诗经》还剩下什么呢?只有光秃秃的诗句。而在"史料"的眼光中,这些光秃秃的诗句,才是《诗经》的原貌。倘若读《诗经》不依据三家诗、毛传郑笺,经文本身毫无意义,而只能成为历史、文学研究的材料。就像胡适的《中国古代哲学史》,以《诗经》经文为史实,竟至于言:"从前第八世纪到前第七世纪,这两百年的思潮,除了一部《诗经》,别无可考。"②早在胡适留学时期,在1911年4月13日的日记中,他便写到:"读《召南》《邶风》。汉儒解经之谬,未有如《诗经》之甚者矣。……余读《诗》,推翻毛传,唾弃郑笺,土苴孔疏,一以己意为造《今笺新注》,自信此笺果成,当令《三百篇》大放光明,永永不朽,非自夸也。"③后来,他的演讲《谈谈〈诗经〉》同样说:"你要懂得三百篇中每一首的题旨,必须撇开一切《毛传》、《郑笺》、《朱注》等等,自己去细细涵咏原文。"④可以说,在

---

① 胡适:《〈国学季刊〉发刊宣言》,《胡适全集》(2),第8页。
② 胡适:《中国古代哲学史》,《胡适全集》(4),第228页。
③ 胡适:《胡适全集·日记》(27),第129页。
④ 胡适:《谈谈〈诗经〉》,《胡适全集》(4),第612页。

学术研究中,当经、注、疏分家,经便不成其为经,《诗经》离开了历代注疏,便成为"诗三百",作为史料的"诗三百",才可以像胡适所说的,"在历史的眼光里,今日民间小儿女唱的歌谣,和《诗三百篇》有同等的位置。"①《诗经》如此,其他经也是如此。

脱离了注疏的"经书"研究不是真正的经学研究,而脱离了经书的"注疏"研究,在现代学术分科体系中,同样几乎毫无位置。四库经部著述,皆是注疏,而在这些注疏中,只有极少数著作在哲学史、文学史的研究视野之内,例如王弼的《易》注,朱子的《诗集传》等。一大批在中国历史上成就卓著的注经家,因为不能纳入现代学科的分科研究视野之中,而在各个学科中付诸阙如。最明显的例子是郑玄,郑玄经学结束了两汉今古文之争,汉唐之间,郑学居半,清代朴学,要在许郑。前人之言郑氏重要性者,如清末民初,叶德辉主四学,叶氏云:"自汉以来,传孔子之道者有四学。四学者,今文学、古文学、郑氏学、朱子学也。"②又云:"终汉之世,师说愈盛而经学愈衰。至郑氏康成出,始一扫而空之,于是集古今文之大成,破经生之拘陋。当时弟子遍于齐鲁,传衍遞于三国。南北朝时,其学尤大行于河洛间。故唐以前之经学,惟郑氏为一大宗。"③皮锡

---

① 胡适:《〈国学季刊〉发刊宣言》,《胡适全集》(2),第8页。
② 叶德辉:《叶德辉文集》卷四,北京:学苑出版社2007年出版,第295页。
③ 同上,第295页。

瑞《经学历史》亦曰："郑君党徒遍天下，即经学论，可谓小一统时代。"①胡承珙曾云："汉儒之是之多者，郑君康成其最也。宋儒之是之多者，新安朱子其最也。"②定海黄以周，则"为学不牵汉宋门户，以为三代以下之经学，汉郑氏、宋朱氏为最"③。清人此论，不胜枚举。在中国学术史上，郑君地位与朱子同，而在经学史上，郑君地位更重于朱子。但是，经学史料化并建立现代学术分科体系之后，朱子之义理学纳入哲学史中进行研究，而郑玄学术则在现代科目中无处安放，只有治学术史、文献学者偶有涉及，以致百年以来，郑君家法在主流学术研究中极少有人问津。

以西方现代学科研究中国传统学术，只是取中国学术中可与西方学科相容者，其不相容者则弃若无闻，而在中国学术中，经学最是不容于现代学科，以二千余年连续不绝之注疏之学，一百年来几尽束之高阁，这对我们认识中国古典的价值，认识中国历史有很大的影响。

2. 现代学科中的经书

现代分科之学对经书进行研究，已经不是经学研究。蔡元培以十四经入于文史哲，即可废除经学科，而实际上，十四

---

① 皮锡瑞：《经学历史》，北京：中华书局，2004年，第103页。
② 胡承珙：《四书管窥序》，《求是堂文集》卷四，道光十七年刊本，第10页。
③ 钱仲联编：《广清碑集传》，苏州：苏州大学出版社，1999年，第719页。

经进入文史哲,只是作为史料被整理,而不是作为经学被研究。

《诗经》入文学之科,便是抛开历代注疏,以文学的眼光对诗三百的艺术进行分析。而当《诗经》没有了历代注疏,三百篇由经国之大典,马上变成为上古之民谣。在各种文学史写作中,《诗经》都被当作中国第一部诗歌总集,从而进行文学的分析。胡适在《谈谈〈诗经〉》中说:

> 这一部《诗经》已经被前人闹得乌烟瘴气,莫名其妙了。诗是人的性情的自然表现,心有所感,要怎样写就怎样写,所谓"诗言志"是。《诗经·国风》多是男女感情的描写,一般经学家多把这种普通真挚的作品勉强拿来安到什么文王、武王的历史上去;一部活泼泼的文学因为他们这种牵强的解释,便把它的真意完全失掉,这是很可痛惜的![1]

从文学的角度看《诗经》,也就是抛开各种注疏,直接"涵咏原文",而涵咏的结果,则是抛开所有孔子所赋予经的大义,而各自去猜测孔子之前"采诗之官采于民间"时诗歌的"原意"。这种原意,纯粹只能靠文献极为不足的历史研究加个人经验和想象。例如对《关雎》的解释,傅斯年的《诗

---

[1] 胡适:《谈谈〈诗经〉》,《胡适全集》(4),第610页。

经讲义稿》说《关雎》"叙述由'单相思'至结婚,所以是结婚时用的乐章"。① 而胡适则运用他在《〈国学季刊〉发刊宣言》中所称的中西"比较的研究",认为《关雎》的主旨是:"《关雎》完全是一首求爱诗,他求之不得,便寤寐思服,辗转反侧,这是描写他相思的苦情;他用了种种勾引女子的手段,友以琴瑟,乐以钟鼓,这完全是初民时代的社会风俗,并没有什么稀奇。意大利、西班牙有几个地方,至今男子在女子的窗下弹琴唱歌,取欢于女子。至今中国的苗民还保存这种风俗。"②在胡适之后,研究《诗经》,竞相猜测原意。这种追究作诗原意的研究,当时一些学者已有批评,例如,吕思勉在《经子解题》中便说,治《诗》之法有数种,其一"以为文学而研究之者","《诗》本文学,经学家专以义理说之,诚或不免迂腐。然《诗》之作者,距今几三千年;作诗之意,断非吾侪臆测可得。"吕氏并云:"其实《诗》无本义。太师采《诗》而为乐,则只有太师采之之意;孔子删《诗》而为经,则只有孔子取之之意耳。"③

事实上,《诗经》作为孔子删削而成,并赋予经学大义的诗集,从文学的角度对之进行研究,是完全必要的,并且,它的文本,确为中国文学之祖。但必须注意的是,从文学的角

---

① 傅斯年:《诗经讲义稿》,《傅斯年全集》第二卷,第202页。
② 胡适:《谈谈〈诗经〉》,《胡适全集》(4),第611页。
③ 吕思勉:《经子解题》,《中国文化思想史九种》,上海:上海古籍出版社,2009年,第115页。

度研究这三百篇的艺术性,它便只是《诗三百》,而不是《诗经》。盖三百篇之文字内容,本非孔子所作,而是孔子以前的作品,自有其无比卓越的文学价值与地位。这些作品未经孔子删削,则不得称为"经",一经孔子删削,它便不只是散乱集成的三百篇,而是寄寓着先王之道的经国大典。也正因如此,秦始皇之焚书,才会首列《诗》、《书》,视若寇仇,焚灭而后快。如果它只是"情诗",秦政何必敌视之如此之甚。可以说,《诗经》入于文学之后,对三百篇进行文学研究,是"诗三百"而不是《诗经》,是文学,而不是经学。如果将文学研究视为唯一正确的解释,那就是反经学的。

《尚书》入于历史学科研究,使它从一本出于上古圣王时代,中经孔子的整理,下为一代代注经家追慕三代之治的法典,变成一部真伪杂糅的史料书。在历史研究中,《尚书》是有待证实的史料。近百年来地下文物纷纷出土,蔚为大观,可与地下文物相印证的典籍,《尚书》当推其要。而自古史辨之后,《尚书》与孔子脱离关系,诸篇被重新考订,以现代人之理性,而争鸣诸篇之时代。地下文物的出土,可以与此书共同重新建立古史,而建立古史的标准,往往在出土文物,不在此书。所以,以历史的角度研究《尚书》,同样是取其史料价值,而这与作为经的《尚书》毫无关系。

《周礼》、《仪礼》、《礼记》、《大戴礼记》同样入于历史学科,其中,《礼记》中的《大学》、《中庸》、《礼运》数篇,也因宋明理学、康有为思想的缘故,而为哲学系所重视。三礼作为经,是经学史,尤其是刘歆、郑玄之后的古文经学之核心经典。《周礼》自东汉之后被视为"周公致太平"之政典,而在现代历史研究中,却成为一本连作者、写作时间也争论纷纷的史料。《仪礼》曾被认为即是礼经,在历史研究中同样不能确定其年代。此二书虽有郑注之精当无伦,唐疏之博洽详尽,但入于历史科,因其既不能用于考证周代历史,又不能确定其为何代典章,所以非常不"历史",遂致几乎无人问津。历史研究,包括思想史研究,确定作者与时代,才能叙述其发展源流。但此四礼既不能确定作者与时代,故只有学术史、文献学稍有涉及。礼学在经学之中,蔚为大国,而一旦成为史料入于历史科,则人迹罕至,形同死城。

《易》入于哲学科,主要是以西方哲学的眼光,对《易》的材料进行哲学性解释,而《易》可与西方哲学对接者,主要在《系辞传》,然而一经哲学解释,便少与经学相关。

《春秋》三传入于历史学科,是作为"史料"而进行历史研究。在三传中,《公羊》、《穀梁》二传,唯说微言大义,实无史料之价值。因此,百年以来,在历史学科中研究《公》、《穀》二传者少之又少。具有史料价值的是《左传》,自刘逢禄《左氏春秋考证》、康有为《新学伪经考》之后,《左传》不传《春秋》,成为一大批人的共识。但是,以史料观之,《左传》是否传《春秋》,恰恰不是问题,问题是《左传》传文所载,是否春秋时期的历史实录。即便坚持疑古、辨伪的钱玄同也说:"对于今之《左传》,认为它里面所记事实远较《公羊传》

为可信,因为它是晚周人做的历史,而《公羊传》则是'口说流行',至汉时始著竹帛者。"① 当时瑞典汉学家珂罗倔伦的《〈左传〉真伪考》也翻译成中文,是书通过音韵考证,认为《左传》是真实的史料,对胡适等人产生了一定的影响。② 确定《左传》史料的真实性,它便成为历史研究中涉及春秋时期历史的最重要的文献,并且,这种重要性并非因为它是解《春秋》经的"传",而是因为传文本身的可信度。通过《左传》的那些史实,可以研究春秋时代的制度史、思想史、战争史乃至国际法等历史问题。

但是,这种研究和作为古文经学的《左传》没有任何关系。就经学而言,《左传》的出现,从一开始便旨在解释《春秋》,从刘歆到贾逵、服虔,到杜预乃至章太炎,都极力证明《左传》是比《公》、《穀》二传更正确的《春秋》经传,以此从《公》、《穀》二传那里争夺《春秋》的解释权。从刘歆的移书让太常博士,到杜预的《春秋经传集解》,乃至章太炎的《春秋左传疑义答问》,皆是如此。因此,作为经学的《左传》,其要不在于传文的史事实录,而在于这些史事实录如何可以解释《春秋》经。而将《左传》传文视为春秋时期的文献实录,从而进行春秋史的研究,则对经学的这些问题可以完全置之不理。因此,历史科中研究《左传》,与经学毫无关系。事实

---

① 钱玄同:《〈春秋〉与孔子》,《钱玄同文集》第四卷,第261、262页。

② 参见胡适:《〈左传真伪考〉的提要与批评》,《胡适全集》(3)。

上，作为古文经学的《左传》研究，天然地包括了历史研究，依古文经学，尤其是杜预经解之见，孔子修《春秋》经的材料来源，是鲁国史官书于策书的大事，用周公的凡例，书法简洁。而左丘明作《左传》的材料来源，是书于简牍的事件，叙述较为详细。从传文的详细叙述，便可以发掘出经文精简之语的微言大义。因此，经传结合，转相发明，既可见经之大义，又可见传之实事。所以，从历史的角度来考察《左传》，其来有自，清人考《左传》以明春秋时期史地的学者，不计其数。不过必须注意的是，正如《诗经》可以从文学角度进行研究，而却非经学研究，《左传》可以从历史的角度进行研究，但这种研究同样不是经学研究。

蔡元培在1912年废除经学科，以群经入现代学科之时，文、史、哲三个学科都只有雏形，所从事者，亦多老派学者，故其学术与传统经世之学皆有密切关系。但是，自胡适等留洋学生，挟西方分科之学东来，一方面发起以启蒙为名义的新文化运动，全盘反传统，反儒之说大行其道，一方面是以中国典籍为史料，用西方学科为标准整理中国史料，以成现代分科之学。前者主破坏，后者主建设，这种"建设"，已经不是继承固有文化的血脉，而是"再造文明"，不是保存古建筑，而是在古建筑的瓦砾上建起新的高楼大厦。

从传统学术转向现代分科之学，对传统学术创害最巨者，厥维经学一科。经传本为传统文明体系之核心，而被纳入现代学科之后，《诗经》成为文学的《诗三百》，《尚书》成为伪史，《三礼》在文史哲的主流研究中付诸阙如，《周易》只有一部分内容作为史料被哲学化解读，《春秋》之《公》、《穀》二传几乎无人问津，唯《左传》成为史料。文、史、哲三科虽然各有一部分经书，但正因为是以学科的眼光，只对经文进行史料化的解读，这种研究已经与经学无关。而诸如三礼、《公》、《穀》乃至《孝经》诸经，则因为不能纳入现代学科研究的视野，而束诸高阁。可以说，自胡适以来，现代学科兴，而经学亡。

三、解释中国：外部视角与内部视角

在经学瓦解，史学替兴的过程中，有一些学者对当时的学风进行过深刻的反思，比较典型的是出身于尊经书院的宋育仁。章太炎等人提倡以史为本而观中国典籍，胡适则视中国一切为史料，宋育仁于前者，有给章太炎、梁启超的公开信《论史学——统释〈文史〉、〈校雠〉源流得失并致章梁》，于后者，有《评胡适〈国学季刊发刊宣言〉书》。宋育仁的核心观点认为，如果以史为本，以史料为研究对象，中国学术终将陷入无"学"的局面，因为中国学术之"学"，从根本上来自于经的义理。

在《论史学》中，宋育仁开头便说：

> 史学惟有《史》、《汉》是其书中有学，非以其书为

学。若是,则主张史学者难曰:"即经学何独不然?研经以求所载之道,是之谓学,而非即以研经为学。"然则又何以异焉?若见其同,不见其异者,则抑思夫经者,孔门一派所传,合十三经为界。说史者即举其中有学之《史》、《汉》,已属两家之言,而非一系之学也。而且即两家之书,其中有学者,皆传述孔门经学之绪余,乃发挥孔门之学,而非自辟一途以为学也。①

在史部正史著作中,唯有《史记》、《汉书》的历史书写,不但提供当时的历史事实,而且可见司马迁、班固的史学眼光,这就是"其书中有学"。迁、固以其史学眼光编辑史料,才能成就其伟大史家的地位,使二书之价值,历千祀而不朽,为历代正史、通史所效法。但是,迁、固二人的"史学眼光",却不是史料本身所给予的,也就是说,历史本身不能为研究者提供看待历史的眼光,即价值。只有经学,才能提供这种价值。盖史者,陈迹而已;学者,有作者之义理运思方为学。而作者之义理运思,则源于经。经者,义理之渊府,史必统于经,方可谓有学,非如是,则陈迹也,史料也。司马迁的《史记》,与今文经学之眼光有关系,而班固之《汉书》也受经学眼光的影响。迁、固之后的修史,多是搜集史料,因沿前例,

---

① 宋育仁:《论史学——统释〈文史〉、〈校雠〉源流得失并致章梁》,《国学月刊》第二十期。

勒为一部,则其书中无"学"也。

以"史"为一切学问的基础,会带来什么问题?宋育仁提出问题的根本在于,如果以"史"的眼光看待一切,那么,一切价值都瓦解在历史之中,再也没有什么不变的真理了。他说:

> 知经学而局于考据,已为文化之障碍,重考据而平视经史,尤为文化之蟊贼。况以逻辑为治学之方法,又以史学为讲学之重心,不知其所谓史学之重心安在,误苍生者,必此言矣。[①]

如果像清代经学那样,虽知道有经,而局限于考据之学,已经不能真正发明经学的价值。重视考据且同时夷经为史,更加是全面推翻经学。而一旦以西方的逻辑为治学方法,只用逻辑方法来治纷芜杂乱的史料,专讲史学而已,那么,所讲者彻底没有真正的价值,此将贻误天下苍生。

事实上,以"历史的眼光"来看待中国,即便心存温情的敬意,也必将瓦解"中国"自身的价值系统。中国古代那些伟大的注经家,在注经过程中不断彰显经学作为"常道"的义理,以使之引领一代又一代的历史进程。而今人如果以

---

① 宋育仁:《论史学——统释〈文史〉、〈校雠〉源流得失并致章梁》,《国学月刊》第二十期。

"历史"的眼光看待他们,则古人的一切努力,都会被瓦解在时间的河流中,成为"经学史"、"思想史"的一个部分。如果认为"历史"是有意义的,如章太炎,那么经学史、思想史还能或多或少地规范现实生活;而一旦"历史"只是毫无意义的过去,那么,古代那些追求永恒真理的努力,便完全变成今人的客观知识的一个组成部分,而今人自己,再也没有所谓的"价值"。

针对胡适在《〈国学季刊〉发刊宣言》中所说的"国学的方法是要用历史的眼光,来整理一切过去文化的历史。国学的目的,是要做成中国文化史"一语,宋育仁评价道:"就此文句所用的史字,是述文化于史,非以史为学。是将文化的陈迹及其应用,载在史上,不是将此史所载的,拿来作文化。要文化进化,就只要在经上讨生活。"[1]"述文化于史",是在历史之中讲文化,因此讲出来的一切都只是史而已。而"以史为学"则是将古代典籍的内容,发展出内部的"学",而且,宋育仁认为,要发展出真正的"学",主要的资源是"经"。只有经,才能提供"学",用这种"学"去看待历史,才能成为"史学"。否则,一种没有"学"的历史研究,要不援用西方的学,就是无意义的史料研究。价值应该脱离时间的限制而具有永恒的意义,价值如果只能在具体的时空中彰显,那么,不同

---

[1] 问琴(宋育仁):《评胡适国学季刊宣言书》,《国学月刊》第十六期。

的时空彰显出不同的价值,站在时间末端的"现在",看到的便只有多元化的价值,那将永无真理可言。事实上,晚清经师,无论是廖平、康有为还是皮锡瑞,他们终身的努力,即使在一个革命即将到来,作为民族国家的新中国即将建立的时代,重新构建经典系统中的永恒价值,以对应经学史上前所未有的时代巨变。可以说,在民族国家时代到来之际,经学的核心问题,其实已经转化为"经史关系"问题,也就是中国文明中是否有永恒价值,可以超越历史的限制,重新注入民族国家的新中国的问题。廖平、康有为、皮锡瑞对古今史学的批评,并非出于狭隘的门户之见,而是他们极其敏锐地看到,随着民族国家时代的到来,中国文明"系统化"为一个整体之后,古文经学传统如果要保持其活力,将不可避免地史学化,从而最终瓦解这个古老的文明内核中永恒不变的价值。

章太炎的"以史为本",是继承刘歆以来的古文经学传统,更进一步将经转化为史,于是所有典籍都可以成为广义上的史学的内容。章氏所做的,是一种中国传统内部的"视觉转换",这种转换未脱浙东史学之旧轨辙,而开现代史学之新门径。至于胡适之后,则完全从"外部视角"看待中国传统,当一切中国典籍被视为"史料",那么就只有用西方的"学"来部勒之。如果我们把中国过去的一切学问,比喻成一棵大树,那么,汉以前经典便是这棵大树的根系与主干,一朝一代的典章制度、朝纲政务的记载,一人一事的思考与记录,都是这棵大树的分支与花叶。按照胡适定义中的"国学",研究者应该以一种历史的眼光,把它视为死去、风干的标本,用科学、系统的方法,把这棵大树标本进行切割、分类,具体讨论叶脉的纹路、支干的年轮等等问题,在这样的研究方法中,一片树叶细微的纹路,与大树躯干的形成自然有同样的研究价值,历史的态度与科学的方法,会把一种鲜活的文明对象化为无生命的、僵化的标本,并将文明不同部分扁平化进行研究。而真正的国学研究,应该把国学还原为一棵生命不息、流动不止的大树。不是对这棵大树的一切部分做一视同仁的研究,而是主要研究它的根系与躯干,不但要研究它的各个部分,更重要的是,探究它如何在流动中获得生生不息的生命,并不断向四面八方生长。

结语：为往圣继绝学

民国十六年（西元 1927 年），康有为从上海移居青岛不久，离开了人世；

民国二十一年（西元 1932 年），今文经学大师廖平学经六变，在四川与世长辞；

民国二十五年（西元 1936 年），章太炎在苏州寓所去世；

西元 1953 年，前清朴学殿军曹元弼，留着前清的辫子，在苏州寓所黯然谢世；

西元 1968 年，廖平高足蒙文通，在饱受凌辱中走到了生命的尽头……

经学自此绝矣！

事实上，自经学科废，新学蜂起，经学研究在民国时期，已经式微几绝。民国时期的经学研究，主要是晚清经学之余绪，而极少有义理之创发。这种情况，自经学立场观之，固为事所必至。盖每当时代巨变,文明更新,旧法不能无弊,必有新的立法者出乎其间,创为一代新法。中国意义上的"革命",正是因为前代之法行久积弊,不可收拾,遂有一场翻天覆地的大革命到来,以重新组织政治,整顿社会,改变生活方式。周秦之变如此,辛亥革命亦是如此。前者最终变天下为郡县,后者变帝制为共和。而在政治社会革命过程中,国家构建若不"法先王",将国家植根于身后的文明传统之上,则必须重新寻找立法者,时王出,僭古圣,号后王,立新法,从而带来无穷的暴政。在周秦变局之后,汉初经师深知暴秦之苦,于是由孔子之删削述作,而知孔子集前圣之大成,以为后世立法,而汉室帝王亦渐知帝裔并非圣种,必须遵顺神圣立法者之法,国家乃得长治久安,于是有汉武之后,去黄老刑名,而尊先王之法,开中国二千余年的政治格局。

而近代以来,在中西文明的碰撞中,随着辛亥鼎革,帝制土崩,经学行世二千余载,亦因之而彻底退出政治生活。事实上,由此以上八百年,宋世道学的兴起,中国的学术中心早由五经转向四书,以四书为基础的新儒学,在复活、重构儒家精神价值的同时,忽视了建立在五经基础之上的理想政治的信念,如蒙文通所言:"汉儒言政,精意于政治制度者多,究心于社会事业者少。宋儒则反是,于刑、政、兵、赋之事,谓'在治人不在治法'。其论史于钱、谷、兵、刑之故,亦谓'则有司存',而谆谆于社会教养之道。"①熊十力亦曰:"宋明诸大师,于义理方面,虽有创获,然因浸染佛家,已失却孔子广大与活泼的意思,故乃有体而无用,于物理、人事,少有发明,于社会政治,唯诵知古昔。"②熊、蒙二氏皆精于理学,蒙氏并钻研经学,而二氏之论,大抵不谋而合。宋明学问重建儒家之心性本体,使人于内在心性修养有无限提升之可能,于社会教化,也颇有建设礼乐教化人民之功绩,但于政治之建设,则多流于空言,而无实际之制度建设。及至清世,经学复兴,诸儒考究群经,发明汉人旧义,不遗余力。但清代经学,实为考古之学,清儒既不能以经学议政,而清代政治也不待经义而立,况科举考试,仍以四书为主。

本来,随着晚清今古文经学的理论发展,今文至廖平、康有为而致力于纯化经义,回应千年变局;古文至刘师培、章太炎而渐入史学,以贞固国本。而辛亥革命的发生,又使经学与政治名义上的关系也完全脱离。在这种条件下,正是重整传统经史之学,共为新的建国大业做好充分准备的机缘。一个成熟的文明体,每当遭逢巨变,必回首其文明的源头,从发源之处再出发,以此文明的价值回应遭遇的挑战,实现真正的"文艺复兴"。但是,西来新学蜂起,糟粕《诗》、《书》,使康、章之辈,渐知事无可为,只能从事讲学,终老户牖。今文

---

① 蒙文通:《宋明之社会设计》,《儒学五论》,桂林:广西师范大学出版社,2007年,第131页。
② 熊十力:《十力语要》,北京:中华书局,1996年,第74页。

经学之实质被彻底抛弃,而学术之主流,也随着文化的更新,从章太炎转向胡适之,从以史为本转向以史料为本。在胡适等人倡导的"整理国故",建立现代分科学术之后,中国学术全面摧毁古典文明体系,而成为"世界学术"的一个部分,成为世界学术的"地域性知识"。而经学研究,也因之在学术主流中彻底消失。

肇启于章太炎,完成于胡适之的现代学术,行至今日,已近百载。这是中国学术"现代化"的一百年,也是经学瓦解、溃败乃至消亡的一百年。中华文明,自汉世尊奉五经,以为政治社会之核心价值,二千余年间,宅国在兹土,立教在斯人,容有一时之神州激荡,一代之宗庙丘墟,而疆土、文明、人种,百世不绝,此实全赖经学大义之相传,以保礼乐文明之不坠。而此二千余年之中,即便如六朝士风之玄虚,晚明学术之狂诞,仍有一部分饱学之士,保文明之不失,守坟典之不绝,而未有如辛亥之后五经之学不但全面退出政治社会,而且完全脱离学术研究者。

在一个激变时代,只有回到文明自身的传统,以古人的眼光看待古人,才能理解这个文明的价值,理解古人的生活,才能真正地认识自己。而对自身文明的认识,是保守文明之美的前提,更是学习外来文明的基础。中国文明的核心,即在经学,在经学瓦解百年之后的今天,重新回到经学,才能深层次地认识历史,在历史中寻找未来的方向。

后　记

这是一个经学传统已经消失的时代,不要说圣人口传的微言大义早已荡然无存,就是古代的家学传经也已不见于今。这又是一个亟需重新认识中国传统,重建中国人生活方式的时代,更为深层次地认识中国传统,无法避开经学研究的重新开展。

要重新认识经学乃至重建经学,必须回过头去,看经学如何被瓦解。在被命名为"近现代"的晚近历史中,革命军兴,而古学渐成土苴,经学科废,而经书尽成草芥。近现代学术的变迁,背后其实是整个文明观的变化。概而言之,清末民初的学术转型,实质上是古文经学遭遇现代民族国家建构,转化为史学的过程。在古文经学向史学的转化中,中西之辨让位于古今之争,"中国"成为"古代",于是,中国学术从"以经为纲"转化为"以史为本",并在这一基础上建立起整个中国现代学术体系。在这一过程中,中国学术丧失了自身的价值系统,典籍成为"史料",中国学术也成了西方学术的附庸,即便是最为保守的现代新儒学,也是建立在对西来大量观念不加检讨的认同的基础之上。而作为承载中国传统义理的经学,则在现代学科中瓦解殆尽。

在经学崩溃的百年之后,要重新认识我们的历史,重新认识中国之所以成为中国,必须回到经学。而最直接的,便是回到康有为,回到章太炎,康、章是最后一代经师,也是凭借华夏古经,回应现代民族国家的构建,现代中国生活方式的塑造的第一代经师。在康子、章子那里,充分地展开了"经学遭遇民族国家"所产生的一系列问题。这些问题还没有来得及充分讨论,便湮没在一波又一波的革命浪潮之中。革命可以铸造一个国家,却不能建设一个国家。百余年来,"中国向何处去"一直是一个悬而未决的问题,虽有一些历史时期,一些思想与政治人物提供过确凿无疑的答案,甚至付诸实施,但终究未曾有过长治久安之道。在这百年之中,后王凌驾先圣,转成立法国父,中国在挣脱历史、奔向现代的道路上渐行渐远,而对自身的认识,却渐行渐模糊。在这样的时候,首先必须认识什么是"中国"。只有深层次地认识中国,认识华夏族群的历史,才能真正有效地认识自己,学习西方,而中国的自我认识,只有回到经学之中。

面对经学研究传统的百年断裂,如果没有数代人重审经籍,沉潜古典,直面庞大而芜杂的注疏系统,便无法再次叩开经学的大门。而在这样的时刻,国族将往何处去,仍然是摆在我们面前的问题。此时此地的艰难抉择,仍然可能长久地影响这个族群未来的国运。生于这样的时代,对从事古典研究的人而言,为往圣继绝学,为万世开太平,仍然是一种无地逃遁的宿命。

特别要说明的是,本书对章太炎的研究,突出的是章氏在经学瓦解过程中所起的客观影响,而非对章氏思想的具体评价。

1998年,少明师的《汉宋学术与现代思想》出版,其中涉及经学转化的几篇论文,对本书的写作富有启发,而在写作这本小书中,陈老师对其中的许多论点提出意见,使初稿的一些观点得到及时的修正。在和陈明、干春松、曾亦、唐文明、郭晓东、张志强、曾海军、陈伟文等师友的讨论中,也让我获益良多。中国社科院哲学所的陈静老师对本书一些观点的肯定,让人铭感于心。还要特别感谢倪为国先生,他的不断鼓励和敦促,是我把一个过于长久的思考变成文字的动力。

本书为北京高等学校"青年英才计划"项目成果。

辛亥革命一零一周年纪念日于人民大学国学院

图书在版编目(CIP)数据

经学的瓦解:从"以经为纲"到"以史为本" / 陈壁生著.
—上海:华东师范大学出版社,2014.1
ISBN 978-7-5675-1147-7

Ⅰ.①经… Ⅱ.①陈… Ⅲ.①经学-研究-中国 Ⅳ.①Z126

中国版本图书馆 CIP 数据核字(2013)第 198409 号

华东师范大学出版社六点分社
企划人 倪为国

本书著作权、版式和装帧设计受世界版权公约和中华人民共和国著作权法保护

六点评论
经学的瓦解

著　　者　陈壁生
责任编辑　倪为国　何花
封面设计　卢晓红

出版发行　华东师范大学出版社
社　　址　上海市中山北路 3663 号　邮编　200062
网　　址　www.ecnupress.com.cn
电　　话　021-60821666　行政传真　021-62572105
客服电话　021-62865537
门市(邮购)电话　021-62869887
地　　址　上海市中山北路 3663 号华东师范大学校内先锋路口
网　　店　http://hdsdcbs.tmall.com

印　刷　者　上海印刷(集团)有限公司
开　　本　889×1194　1/32
插　　页　4
印　　张　5.75
字　　数　90 千字
版　　次　2014 年 1 月第 1 版
印　　次　2015 年 4 月第 2 次
书　　号　ISBN 978-7-5675-1147-7/B·799
定　　价　28.00 元

出 版 人　王　焰

(如发现本版图书有印订质量问题,请寄回本社客服中心调换或电话 021-62865537 联系)